L'ART
DE
PEINTURE
PAR
CH. ALPH. DU FRESNOY.

L'ART

DE

PEINTURE

DE

C. A. DU FRESNOY,

Traduit en François.

Enrichi de Remarques, revû, corrigé,
& augmenté

Par Monsieur DE PILES.

QUATRIEME EDITION.

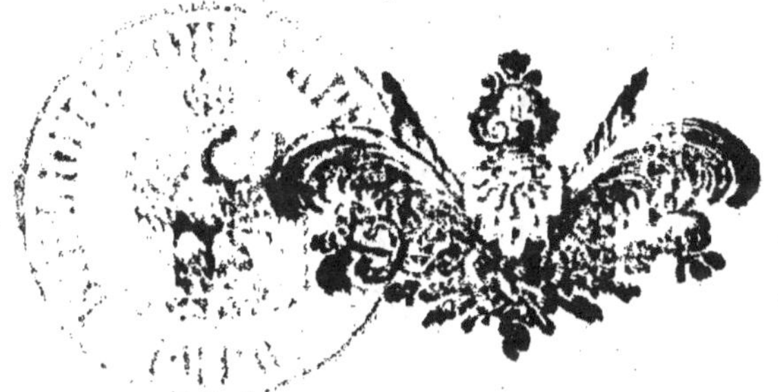

A PARIS;

Chez CHARLES ANTOINE JOMBERT,
rue Dauphine, à l'Image Notre-Dame.

M. DCC. LI.

Avec Privilege du Roi.

PRÉFACE.

MON CHER LECTEUR,

De tous les beaux Arts, celui qui
a le plus d'Amateurs, est sans doute
la Peinture ; & le nombre en est
presque aussi grand que celui des
hommes. On en voit même quantité qui se piquent de s'y connoître, ou parce qu'ils ont fréquenté
les Peintres, ou parce qu'ils ont vû
les bons Tableaux, ou enfin parce
qu'ils ont le goût naturellement
bon. Cependant cette connoissance
(si tant est qu'ils en ayent) est si su-
perficielle & si mal fondée, qu'il
leur est impossible de dire en quoi
consiste la beauté des Ouvrages
qu'ils admirent, ou le défaut de
ceux qu'ils condamnent. Et certes il

a

est aisé de voir que cela ne vient d'autre chose que de ce qu'ils n'ont point de regles pour en juger, ni de fondemens solides : ce sont cependant autant de lumieres qui éclairent l'esprit, & le conduisent à une entiére & parfaite connoissance. Je ne pense pas qu'il soit nécessaire de faire voir ici que la Peinture en doit avoir; il suffit d'être persuadé qu'elle est un Art ; car comme on sçait, il n'y a point d'Art qui n'ait ses préceptes. Je me contenterai seulement de dire que ce petit Traité en donne d'infaillibles, puisqu'ils sont fondés sur la raison & sur les plus beaux Ouvrages des meilleurs Peintres, que notre Auteur a examinés pendant plus de trente années, & sur lesquels il a fait toutes les reflexions nécessaires pour rendre son livre digne de la postérité. Et quoi qu'il soit fort petit, il contient néanmoins de grandes choses, & ne laisse rien échapper qui soit essentiel à la matiére qu'il traite : si l'on veut prendre la peine de le lire avec un peu d'attention, on trouvera sans doute qu'il est bien capable de donner la plus sûre & la plus délicate connoissance à ceux qui aiment la Peinture, comme à ceux qui en font profession.

Il seroit trop long de faire voir en détail les avantages qu'il a par dessus les autres qui ont paru devant lui, on aura aussi-tôt fait de le lire, pour en juger par soi-même. Tout ce que je puis en dire, c'est qu'il n'y a pas un mot qui ne porte dans celui-ci, & que dans les autres il s'y rencontre deux défauts considérables, c'est qu'avec ce qu'ils en disent trop, ils n'en disent pas encore assez. J'espere enfin que l'on avouëra qu'il est utile presque à tout le monde ; aux Amateurs, pour s'instruire à fonds & pour juger avec connoissance de cause ; & aux Peintres, pour travailler sans inquiétude & avec plaisir; puisqu'ils seront en quelque façon assûrés de la bonté de leur Ouvrage. Il en faut user comme d'une liqueur précieuse, à laquelle on prend d'autant plus de goût que l'on en boit peu: Lisez-le souvent, lisez-en peu, mais goûtez-le bien, & ne passez pas legerement les endroits que vous verrez marquez d'une *, sur lesquels il y a des remarques, qui vous en donneront plus d'intelligence. On les trouvera par le moyen des Nombres qui sont à côté de la Version de cinq en cinq Vers, en cherchant pareil nombre dans les Remarques qui sont à la fin, & qui sont distinguées les unes des autres par cette marque §.

On trouvera dans les dernieres pages de ce Livre les sentimens de l'Auteur sur les Peintres qui se sont acquis le plus de réputation, & parmi lesquels il n'a pas voulu comprendre ceux qui étoient encore en vie. On vous les donne tels qu'on

les a trouvés écrits de sa main parmi ses papiers.

Pour la Traduction que vous verrez à coté des Vers Latins, voici
par quelle occasion & de quelle
maniere elle a été faite. La Passion
que j'ay pour la Peinture, & le
plaisir qu'elle me donne lorsque je
m'y exerce quelque-fois, me firent
rechercher avec empressement l'a-
mitié de feu Monsieur du Fresnoy,
à cause des grandes lumieres qu'il
avoit de ce bel Art : Et notre connoissance vint à tel point, qu'il me
confia son Poëme, qu'il croyoit que
j'entendois assez bien pour me prier
de le mettre en notre Langage. Et
en effet nous nous en étions entre-
tenus si souvent, & il m'avoit fait
entendre ses pensées de telle sorte
qu'il ne m'avoit pas permis de dou-
ter de la moindre chose. J'entrepris
donc de le traduire ; & je m'y em-
ployai avec plaisir & avec soin ; je
le lui communiquai, & y changeai

tout ce qu'il voulut , jusqu'à ce qu'il fût enfin à sa fantaisie , & tel qu'il vouloit lui faire voir le jour. Mais la mort l'ayant prevenu , j'ai crû que c'étoit faire tort à sa mémoire , que de priver plus long-temps le Public de cette Version , que l'on peut dire assurément être dans le véritable sens de l'Auteur & selon son goût ; puisque lui même en a rendu de grands témoignages à quelques-uns de ses Amis , & que ceux qui l'ont connu , sçavent très-bien qu'il n'étoit pas d'humeur à me rendre cette complaisance contre sa pensée. J'ay crû que je devois dire cecy touchant la fidélité de ma Traduction pour ceux qui n'entendent pas le Latin ; car pour les autres qui ont la connoissance de l'une & de l'autre Langue , ils en pourront juger facilement.

Les Remarques que j'ai mises ensuite sont encore entiérement conformes aux sentimens de l'Auteur ;

& je suis certain qu'il ne les auroit
pas desaprouvées. J'ai tâché d'y
expliquer les endroits les plus difficiles & les plus néceſſaires, de la
maniére à peu près que je l'en ai
oüi parler dans les converſations
que j'ai euës avec lui. Je les ai faites les plus courtes & les moins en-
nuyeuſes que j'ai pû, afin de les faire
lire à tout le monde. Que ſi quelques-uns ne les trouvent pas à leur
goût, comme il arrivera ſans doute, je les leur abandonne, & je ne
ferai pas fâché qu'un autre faſſe
mieux : Je les ſupplie ſeulement de
vouloir bien, dans la Lecture qu'ils
en feront, n'apporter aucun goût
particulier, ni aucune prévention
d'eſprit : & que la bonne ou mauvaiſe opinion qu'ils en doivent prendre, vienne d'eux - mêmes, ſans
qu'elle leur ſoit inſpirée par autrui.

AVERTISSEMENT.

ON avoit augmenté l'Edition précedente d'une suite de Figures Academiques, dessinées & gravées par Seb. Le Clerc ; mais comme elles n'ont aucun rapport à ce Traité, & qu'elles se trouvent d'ailleurs fort usées, on a crû devoir les retrancher de cette nouvelle Edition. Pour dédomager le Public de la supression de ces Figures, on leur a substitué le petit Dictionnaire des Termes les plus usités dans l'Art de Peinture qui se trouve à la fin de cet ouvrage, & qui a merité l'approbation des Artistes, & des Connoisseurs.

DE L'ART

DE

PEINTURE.

DE ARTE
GRAPHICA
LIBER.

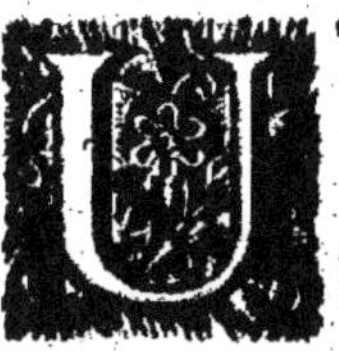

UT PICTURA POESIS ERIT;
similisque Poësi
Sit Pictura, refert par æmu-
la quæque sororem,
Alternantque vices & nomina; muta Poësis
Dicitur hæc, Pictura loquens solet illa vocari.
Quod fuit auditu gratum cecinêre Poëtæ,
Quod pulchrum aspectu Pictores pingere curant;
Quæque Poëtarum numeris indigna fuére,
Non eadem Pictorum operam studium-que merentur:

DE L'ART
DE
PEINTURE.

*Les endroits que vous verrez ici mar-
quez d'une * sont plus amplement
expliqués dans les remarques placées à la fin de ce Poëme.*

LA Peinture & la Poësie
sont deux Sœurs qui se
ressemblent si fort en toutes choses, qu'elles se prêtent alternativement l'une
à l'autre leur office & leur nom. On
appelle la premiere une Poësie muette, & l'autre une Peinture parlante.
Les Poëtes n'ont dit que ce qui pouvoit flatter l'oreille, & les Peintres
ont toujours cherché ce qui pouvoit donner du plaisir aux yeux. Enfin ce qui a été indigné de la plume des uns, l'a été du pinceau des

autres. * Car pour contribuer toutes
deux aux honneurs de la Religion,
elles s'élevent jusques dans les Cieux;
& ayant les entrées libres dans le Palais de Jupiter, elles joüissent de la
vûe & de la conversation des Dieux,
dont elles observent la majesté, &
considérent la merveille de leurs discours, pour en faire part aux hommes, à qui elles inspirent en même
temps ce feu céleste que l'on void
dans leurs Ouvrages. De-là elles courent par tout l'Univers, & n'épar-
gnent ni soins ni études pour re-
cueillir ce quelles trouvent digne
d'elles; elles foüillent, pour ainsi dire, dans tous les siecles passés, elles
cherchent dans leurs Histoires des Sujets qui leur soient propres, & prennent bien garde d'en traiter d'autres
que ceux, qui par leur noblesse, ou
par quelque accident remarquable,
méritent d'être consacrés à l'éternité,
soit sur la mer, soit sur la terre, ou
dans les Cieux. Et c'est par ce moyen
que la gloire des Héros ne s'est pas
éteinté avec leur vie, & que ces merveilleux Ouvrages, ces prodiges de

Ambæ quippe sacros ad Relligionis honores
Sidereos superant ignes, Aulamque 10
Tonantis
Ingressæ, Divûm aspectu, alloquio-
que fruuntur,
Oraque magna Deûm, & dicta ob-
servata reportant,
Cælestemque suorum operum mortali-
bus ignem.
Inde per hunc orbem studiis coëunti-
bus errant,
Carpentes quæ digna sui, revolutaque 15
lustrant
Tempora, quærendis consortibus Ar-
gumentis.
Denique quæcumque in cælo, terrâ-
que, marique
Longius in tempus durare, ut pul-
chra, merentur,
Nobilitate suâ claroque insignia ca-
su,
Dives & ampla manet Pictores at- 20
que Poëtas
Materies, inde alta sonant per sæcula
mundo
Nomina, magnanimis Heroïbus inde
superstes

A iij

Gloria, perpetuòque operum miracula
    restant ;
Tantus inest divis honor Artibus , at-
    que potestas.
25 Non mihi Pieridum chorus hîc , nec
    Apollo vocandus ,
Majus ut eloquium numeris, aut gra-
    tia fandi
Dogmaticis illustret opus rationibus
    horrens :
Cum nitidà tantùm & facili digesta
    loquelà
Ornari præcepta negent; contenta do-
    ceri.
30 Nec mihi mens animusve fuit con-
    stringere nodos
Artificium manibus , quos tantum di-
    rigit usus ;
Indolis ut vigor inde potens obstrictus
    hebescat ,
Normarum numero immani Genium-
    que meretur :
Sed rerum ut pollens Ars cognitione
    gradatim
35 Naturæ se se insinuet , Verique capa-
    cem

l'Art , que nous admirons encore tous les jours, se sont heureusement conservés. (* Tant ces Arts divins ont été honorés, & tant ils ont eu de puissance.)

Il n'est pas nécessaire d'implorer [25] ici le secours d'Apollon, ni celui des Muses, pour la grace du discours, ni pour la cadence des vers, qui n'étant que des préceptes, n'ont pas tant besoin d'ornement, que de netteté.

Je ne prétens point par ce traité [33] lier les mains des Ouvriers, dont la science ne consiste que dans une certaine pratique qu'ils ont affectée & dont ils se sont fait comme une routine. Je ne veux pas non plus étouffer le génie par un amas de régles, ni éteindre le feu d'une veine qui est vive & abondante : mais j'ai plûtôt dessein de faire enforte que l'Art fortifié par la connoissance des choses, passe en nature peu à peu & comme par degrés, & qu'ensuite il devienne un pur génie, capable de bien choisir le vrai, & de savoir faire le discernement du beau naturel d'avec le bas & le mes- [38]

quin , & que le génie par l'exercice & par l'habitude s'acquiere parfaitement toutes les régles & tous les secrets de l'Art.

1. Précepte.

Du Beau.

* La principale & la plus importante partie de la Peinture, est de sçavoir connoître ce que la nature a fait de plus beau & de plus convenable à cet Art ; * dont le choix se doit faire selon le goût & la maniere des anciens, * hors laquelle tout n'est qu'une barbarie aveugle & téméraire , qui néglige ce qui est de plus beau, & qui semble avec une audace effrontée insulter à un Art qu'elle ne connoît point ; ce qui a donné lieu à ces paroles des anciens, *Qu'il n'y a personne qui ait plus de hardiesse & de témérité , qu'un méchant Peintre & qu'un méchant Poëte , qui ne connoissent pas leur ignorance.*

* Nous aimons ce que nous connoissons, nous désirons ce que nous aimons , nous poursuivons les choses que nous avons desirées , & nous arrivons enfin au but où nous courons avec constance. Cependant vous ne devez pas vous attendre que la fortu-

Transeat in genium, geniusque usu
induat Artem.

Præcipua imprimis Artisque potissima   *Primum*
    pars est,   *Preceptum.*
Nosse quid in rebus natura crearit ad   *De Pulchro.*
    Artem
Pulchrius, idque modum juxta,
    mentemque vetustam,
Qua sine barbaries cæca & temera-   40
    ria pulchrum
Negligit, insultans ignotæ audacior
    Arti,
Ut curare nequit, quæ non modo no-
    verit esse,
Illud apud Veteres fuit unde notabile
    dictum,
(Nil Pictore malo securius atque
    Poëta.)

Cognita amas, & amata cupis, se-   45
    querisque cupita,
Passibus assequeris tandem quæ fervi-
    dus urges:
Illa tamen quæ pulchra decent; non
    omnia casus
Qualiacumque dabunt, etiamve si-
    millima veris:

*Nam quamcumque modo servili haud
    sufficit ipsam*

30 *Naturam exprimere ad vivum, sed
    ut arbiter Artis*

*Seliget ex illa tantùm pulcherrima
    Pictor :*

*Quodque minus pulchrum, aut men-
    dosum corriget ipse*

*Marte suo, formæ veneres captando
    fugaces.*

*II. Prae-
ptum.
De Specula-
tione &
Praxi.*
*Utque manus grandi nil nomine prae-
    tica dignum*

*Assequitur, purum arcanæ quam de-
    ficit Artis*

35 *Lumen, & in præceps abitura ut cæ-
    ca vagatur ;*

*Sic nihil Ars operâ manuum privata
    supremum*

*Exequitur, sed languet iners utî vin-
    cta lacertos ;*

*Dispositumque typum non linguà pin-
    xit Apelles.*

40 *Ergo licet totâ normam haud possimus
    in Arte*

ne & le hazard vous donnent infailli-
blement les belles chofes; quoique celles que nous voyons foient vrayes &
naturelles, elles ne font pas toujours
pour la bienféance & pour l'ornement :
car ce n'eft pas aflez d'imiter de point
en point & d'une maniere baffe toute
forte de nature ; mais il faut que le
Peintre en prenne ce qui eft de plus
beau, * comme l'arbitre fouverain de
fon Art, & que par le progrès qu'il
y aura fait, il en fçache réparer les
défauts, & n'en laiffe point échapper
les beautés * fuyantes & paffageres.

* De même que la feule pratique
deftituée des lumieres de l'Art, eft
toujours prête de tomber dans le pré-
cipice comme une aveugle , fans pouvoir rien produire qui contribue à
une folide réputation ; ainfi la théorie fans l'aide de la main , ne peut jamais atteindre à la perfection qu'elle
s'eft propofée : mais elle languit dans
fa pareffe comme dans fa prifon , & ce
n'eft pas avec la langue qu'Apelle a
produit de fi beaux Ouvrages. Ainfi
quoiqu'il y ait dans la Peinture plufieurs chofes, dont on ne fçauroit

II. Précepte; De la théorie & de la pratique.

donner des préceptes si justes, (* vû que les plus belles choses ne se peuvent souvent exprimer faute de termes,) je ne laisserai pourtant pas d'en donner quelques-uns que j'ai choisis parmi les plus beaux que nous ayons reçus de la nature, cette sçavante maîtresse, après l'avoir examinée à fonds, aussi-bien que ces chefs-d'œuvres de l'antiquité * les premiers exemplaires de l'Art. Et c'est par ce moyen que l'esprit & la disposition naturelle se cultivent, que la science perfectionne le génie, & modere * cette fureur de veine qui ne se retient dans aucunes bornes, & qui porte bien souvent à des extrêmités fâcheuses : *car il y a un milieu dans les choses & de certaines mesures, hors desquelles ce qui est bien ne se trouve jamais.*

III. Précepte. Du Sujet. Cela posé, il faudra choisir * un sujet beau, & noble, qui étant de soi-même capable de toutes les graces & de tous les charmes que peuvent recevoir les couleurs & l'élegance du dessein, donne ensuite à l'Art parfait & consommé un beau

Ponere, (cùm nequeant quæ sunt pul-
    cherrima dici)
Nitimur hæc paucis, scrutati summæ
    magistræ
Dogmata naturæ, artisque exempla-
    ria prima
Altiùs intuiti; sic mens habilisque
    facultas
Indolis excolitur, geniumque scien-
    tia complet,
Luxuriansque in monstra furor com-
    pescitur Arte:
Est modus in rebus, sunt certi deni-
    que fines,
Quos ultra citraque nequit consistere
    rectum.

His positis, erit optandum thema no-   III. Præ
    bile, pulchrum,   ceptum.
                                          De Argu-
Quodque venustatum circa formam   mento.
    atque colorem   7º.
Sponte capax amplam emerita mox
    præbeat Arti

Materiam, retegens aliquid salis &
documenti.

Tandem opus aggredior, primòque
occurrit in albo.
Disponenda typi concepta potente Mi-
nervâ

*INVEN-
TIO
prima Pictu-
ræ pars.*

Machina, quæ nostris Inventio dicitur oris.

75 Illa quidem priùs ingenuis instructa
Sororum
Artibus Aonidum, & Phœbi subli-
mior æstu.

*IV.
Dispositio,
sive operis
totius œcono-
mia.*

Quærendasque inter Posituras, luminis, umbra,
Atque futurorum jam præsentire colorum
80 Par erit harmoniam, captando ab
utrisque Venustum.

*V.
Fidelitas Ar-
gumenti.*

Sit Thematis genuina ac viva ex-
pressio juxta
Textum antiquorum, propriis cum
temporis formis.

champ & une matiere ample de
montrer tout ce qu'il peut , & de faire voir quelque chose de fin & de ju-
dicieux , * qui soit plein de sel, & qui
soit propre à instruire & à éclairer les
esprits.

Enfin j'entre en matiere, & je trouve d'abord une toile nue : * où il faut
disposer toute la machine (pour ainsi
dire) de votre Tableau, & la pensée
d'un génie facile & puissant, * qui
est justement ce que nous appellons
INVENTION.

INVEN-
TION
premiere
partie de la
Peinture.

* C'est une Muse, qui étant pour-
vûe des avantages de ses Sœurs, &
échauffée du feu d'Apollon, en est
plus élevée, & en brille d'un plus
beau feu.

* Il est fort à propos, en cherchant
les attitudes ; de prévoir l'effet &
l'harmonie des lumieres & des ombres avec les couleurs qui doivent
entrer dans le tout, prenant des unes
& des autres ce qui doit contribuer
davantage à produire un bel effet.

IV.
Disposition
ou œconomie
de tout l'ou-
vrage.

* Que vos compositions soient
conformes au texte des anciens Auteurs, aux coutumes & aux tems.

V.
Fidelité
Sujet.

* Donnez-vous de garde que ce qui ne fait rien au sujet & qui n'y est que peu convenable, entre dans votre Tableau, & en occupe la principale place : Mais imitez en ceci la Tragédie, Sœur de la Peinture, qui déploye toutes les forces de son Art où le fort de l'action se passe.

* Cette partie si rare & si difficile ne s'acquiert ni par le travail, ni par les veilles, ni par les conseils, ni par les préceptes des Maîtres : car il n'y a que ceux, qui ont reçu en naissant quelque partie de ce feu céleste * que déroba Promethée, qui soient capables de recevoir ces divins présens; comme * il n'est pas permis à tout le monde d'aller à Corinthe.

Ce fut chez les Egyptiens que la Peinture parut la premiere fois, toute difforme à la vérité; mais ayant passé aux Grecs, qui par leurs soins & par la force de leur esprit la cultiverent, * elle arriva à tel point de perfection, qu'il semble qu'elle ait surpassé la nature même.

Entre les Académies que ces grands Hommes & ces rares génies

Nee

*Nec quod inane, nihil facit ad rem,
    sive videtur*
*Improprium, miniméque vrgens, po-
    tiora tenebit*
Ornamenta operis; Tragicæ sed lege 85
    sororis
*Summa ubi res agitur, vis summa
    requiritur Artis.*
*Ista labore gravi, studio, monitisque
    Magistri*
*Ardua pars nequit addisci rarissima:
    namque*
*Ni prius æthereo rapuit quod ab axe
    Prometheus*
Sit jubar infusum menti cum flamine 90
    vitæ,
*Mortali haud cuivis divina hæc mu-
    nera dantur,*
*Non uti Dædaleam licet omnibus ire
    Corinthum.*
*Ægypto informis quondam Pictura
    reperta,*
*Græcorum studiis & mentis acumine
    crevit*
Egregiis tandem illustrata & adulta 95
    Magistris
*Naturam visa est miro superare la-
    bore.*

VI.
Inane reji-
ciendum.

B

Quos inter Graphidos gymnasia pri-
ma fuére,
Portus Athenarum, Sycion, Rhodos,
atque Corinthus,
Disparia inter se, modicum ratione
Laboris;
100 *Ut patet ex veterum statuis, forma*
atque decoris
Archetypis, queis posterior nil protu-
lit ætas
Condignum, & non inferius longe
Arte, modoque

Horum igitur vera ad normam Posi-
tura legetur,
Grandia, inæqualis, formosaque Par-
tibus amplis
105 *Anteriora dabit membra, in contra-*
ria motu
Diverso variata, suo librataque cen-
tro:
Membrorumque Sinus ignis flam-
mantis ad instar
Serpenti undantes flexu, sed lævia
plana
Magnaque signa, quasi sine tubere
subdita tactu
110 *Ex longo deducta fluant, non secta*
minutim,

VII.
GRAPHIS
seu Positura,
secunda Pic-
turæ pars.

compoferent, on en compte quatre
principales, Athénes, Sycione, Rhodes, & Corinthe, qui ne différent
entr'elles que très-peu, & feulement
par la maniere du travail ; comme
on le peut voir par les ftatues antiques, qui font la régle de la beauté, 100
& aufquelles les fiecles qui les ont
fuivis n'ont rien produit de femblable, * quoiqu'on ne s'en foit pas fi
fort éloigné, tant pour la fcience
que pour la façon d'exécuter. * C'eft
donc dans leur goût qu'on choifira
une ATTITUDE, * dont les membres foient grands, * amples, * iné
gaux dans leur pofition, enforte que
ceux de devant contraftent les autres qui vont en arriere, & foient
tous également balancés fur leur centre.

   * Les parties doivent avoir leurs
contours en ondes, & reffembler en
cela à la flâme, ou au ferpent lorfqu'il rampe fur la terre. Ces contours
feront coulans, grands, & prefque
imperceptibles au toucher, comme
s'il n'y avoit ni éminences ni cavi-
tés. Qu'ils foient conduits de loin 110

VII.
DESSEIN
feconde par-
tie de la Pein-
ture.
Attitude.
105

B ij

sans interruption, pour en éviter le grand nombre. Que les muscles soient bien insérés & liés, * selon la connoissance qu'en donne l'Anatomie. Qu'ils soient * dessinés à la Grecque, & qu'ils ne paroissent que peu, comme nous le montrent les figures antiques. Qu'il y ait enfin un entier * accord des parties avec le tout, & qu'elles soient parfaitement bien ensemble.

115   Que la partie qui en produit une autre, soit plus puissante que celle qu'elle produit, & qu'on voye le tout d'un même point de vûe : * quoique la perspective ne puisse pas être appellée une régle certaine ou un acheminement de la Peinture ; mais un grand secours dans l'Art, & un moyen facile pour agir, tombant assez souvent dans l'erreur, & 120 nous faisant voir des choses sous un faux aspect : car les corps ne sont pas toujours représentés selon le plan Géométral, mais tels qu'ils sont vûs

VIII.
Variétés dans
les figures.
    La forme des visages, l'âge, ni la couleur ne doivent pas se ressembler

Insertisque toris sint nota ligamina
    juxta
Comp gem Anathomes, & membri-
    ficatio Græco
Deformata modo, paucisque expressa
    Lacertis,
Qualis apud veteres; totoque Eurith-
    mia partes

Componat, genitumque suo generan- 115
    te s quenti
Sit minus, & puncto videantur cunc-
    ta sub uno;
F cula certa licet nequeat prospecti-
    ca dici,
Aut complementum Graphidos; sed
    in Arte juvamen
Et modus accelerans operandi : ut
    corpora falso
Sub visu in multis referens mendosa 120
    labascit :
Nam Geometralem nunquam sunt
    corpora juxta
Mensuram depicta oculis, sed qualia
    visa.
Non eadem forma species, non om-
    nibus ætas.

VIII.
Varietas in
figuris.

Æqualis, similisque color, crinesque
figuris:
125 Nam variis velut orta plagis gens
dispare vultu.

IX.
Figura sit una cum membris & [Vestibus.

Singula membra suo capiti conformia
fiant
Unum idemque simul corpus cum ves-
tibus ipsis:

X.
Mutorum actiones imitandæ.

Mutorumque silens positura imitabitur actus.

XI.
Figura prin-ceps.

Prima figurarum, seu princeps Dra-
matis ultro
130 Prosiliat media in Tabulâ, sub lumine primo
Pulchrior ante alias, reliquis nec
operta figuris.

XII.
Figurarum Globi seu Cumuli.

Agglomerata simul sint membra, ip-
sæque figuræ
Supentur, circumque globos locus usque vacabit;
Ne malè dispersis dum visus ubique
figuris
131 Dividitur, cunctisque operis fervente
tumultu
Partibus implicitis crepitans confusio
surgat.

dans toutes les figures, non plus que les cheveux : parce que les hommes font auſſi différens que les régions font différentes.

* Que chaque membre ſoit fait pour ſa tête, qu'il s'accorde avec elle, & que tous enſemble ne compoſent qu'un corps avec les Draperies qui lui ſont propres & convenables. Et ſur tout, * que les figures auſquelles on n'a pû donner la voix, imitent les muets dans leurs actions.

IX.
Convenance des membres avec les Draperies.
X.
Imiter les actions des muets.
125
130

* Que la principale figure du ſujet paroiſſe au milieu du Tableau ſous la principale lumiere ; qu'elle ait quelque choſe qui la faſſe remarquer par deſſus les autres, & que les figures qui l'accompagnent, ne la dérobent point à la vûe.

XI.
La principale figure du Sujet.

* Que les membres ſoient agroupés de même que les figures, c'eſt-à-dire, accouplés & ramaſſés enſemble, & que les grouppes ſoient ſéparés d'un vuide, pour éviter un papillotage confus, qui venant des parties diſperſées mal-à-propos, fourmillantes & embarraſſées les unes dans les autres, diviſe la vûe en plu-

XII.
Grouppes de figures.
135

sieurs rayons, & lui cause une confusion désagréable.

XIII.
Diversité d'attitudes dans les grouppes.

Il ne faut pas que les figures d'un même grouppe se ressemblent dans leurs mouvemens, non plus que dans leurs membres, ni qu'elles se portent 140 toutes de même côté; mais il faut qu'elles se contrastent, en se portant d'un côté tout contraire à celles qui les traverseront.

Que parmi plusieurs figures qui montrent le devant, il y en ait quelqu'une qui se fasse voir par derriere, opposant les épaules à l'estomac & le côté droit au gauche.

145   * Que l'un des côtés du Tableau ne

XIV.
Equilibre du Tableau.

demeure pas vuide, pendant que l'autre est rempli jusqu'au haut; mais que l'on dispose si bien les choses, que si d'un côté le Tableau est rempli, l'on prenne occasion de remplir l'autre; ensorte qu'ils paroissent en 250 quelque façon égaux, soit qu'il y ait beaucoup de figures, ou qu'elles y soient en petit nombre.

XV.
Du nombre des figures.

* De même qu'une Comédie est rarement bonne, quand le nombre des Acteurs est trop grand,

Inque

In figurarum cumulis nõ omnibus idẽ
Corporis inflexus , motusque , vel ar-
    tubus omnes

XIII.
Posturarum
diversitas in
cumulis.

Conversis pariter non cõnitatur eodem ;
Sed quædam in diversa trahant con-
    traria membra
Transversèque aliis pugnent , & cæte- 140
    ra frangant.
Pluribus adversis adversam oppone fi-
    guram,
Pectoribusque Humeros , & dextera
    membra finistris ,
Seu multis constabit Opus , paucisve
    figuris.
Altera pars Tabulæ vacuo ne frigida 145
    Campo

XIV.
Tabulæ Li-
bramentum.

Aut deserta fiet , dum pluribus altera
    formis
Fervida mole sua suprimam exurgit
    ad oram :
Sed tibi sit positis respondeat utraq; reb°,
Ut si aliquid sursum se parte attollat
    in una ,
Sic aliquid parte ex aliâ consurgat,& 150
    ambas
Æqui paret,geminas cumulando æqua-
    liter oras.
Pluribus implicitum Personis Drama
    supremo

XV.
Numerus
Figurarum.

In genere ut rarum est; multis ita densa Figuris

Rarior est Tabula excellens; vel adhuc ferè nulla

155 Præstitit in multis quod vix bene præstat in una:

Quippe solet rerum nimio dispersa tumultu

Majestate carere gravi requieque de-
cora;

Nec speciosa nitet vacuo nisi libera
Campo.

Sed si opere in magno plures Thema
grande requirat

Esse figurarum Cumulos, spectabitur
unà

160 Machina tota rei, non singula quæque seorsim.

XVI.
Internodia
& Pedes
exhibendi.

Præcipua extremis raro Internodia
membris

Abdita sint: sed summa Pedum ve-
stigia nunquam.

XVII.
Motus ma-
nui motui
capitis jun-
gendus.

Gratia nulla manet, motusque, vi-
gorque Figuras

Retro aliis subter majori ex parte la-
tentes,

165 Ni Capitis motum Manibus comiten-
tur agendo.

ainſi eſt - il bien rare & quaſi comme impoſſible de faire un Tableau
parfait, où il ſe trouve une grande quantité de Figures : Et nous
ne devons pas nous étonner de voir
que ſi peu de Peintres ayent reüſſi, 155.
lorſqu'ils en ont introduit un grand
nombre dans leurs Ouvrages, puis
qu'à peine en peut - on trouver qui
ayent eu un heureux ſuccès dans les
Tableaux où ils n'en ont fait paroître que bien peu : parce que tant de
choſes diſperſées apportent de la confuſion, & ôtent cette majeſté grave &
ce ſilence doux, qui font la beauté
du Tableau & la ſatisfaction des
yeux; mais ſi vous y êtes contraint
par le Sujet, il ſaudra concevoir le
Tout enſemble & l'effet de l'Ouvra- 160
ge comme tout d'une vûë, & non
pas chaque choſe en particulier.

   * Que les extrêmités des jointures XVI.
ſoient rarement cachées : & que les *Des jointures & des
pieds.*
pieds ne le ſoient jamais.

   * Les figures qui ſont derriere les XVII.
autres n'ont ni grace ni vigueur, ſi *Accord des
mains avec
la tête.*
le mouvement des mains n'accompagne celui de la tête. 165

C ij

XVIII.
Ce qu'il faut éviter dans la distribution des Figures.

Fuyez les vûës difficiles à trouver & qui sont peu naturelles, les mouvemens & les actions forcées, avec toutes les parties déſagréables à voir, comme ſont les Racourcis.

* Fuyez encore les lignes & les contours égaux, qui font des paralleles, & d'autres figures aiguës & 170 géométrales, comme des quarrés, des triangles, & toutes celles qui pour être trop comptées, vous font une certaine ſymmmetrie ingrate qui ne produit aucun bon effet; mais, comme nous avons déja dit, les principales lignes ſe doivent contraſter l'une l'autre : c'eſt pourquoi dans ces contours vous aurez principalement égard au Tout-enſemble; car c'eſt de lui que vient la beauté & la 175 force des parties.

XIX.
Qu'il ne faut pas trop s'attacher à la Nature, mais l'accommoder à ſon Genie.

* Ne ſoyez pas ſi fort attaché à la Nature, que vous ne donniez rien à vos études ni à votre Génie : mais auſſi ne croyez pas que votre Génie & la ſeule mémoire des choſes que vous avez vûës, vous fourniſſent aſſez pour faire un beau Tableau, ſans l'aide de ce cette incomparable

Difficiles fugito aspectus, contracta-
   que visu

Membra sub ingrato, motusque, actus-
   que coactos,

Quodque refert signis, rectos quo-
   dammodo tractus,

Sive Parallelos plures simul, & vel
   acutas,

Vel Geometrales (ut Quadra, Trian-
   gula,) formas:

Ingratamque pari Signorum ex ordine
   quandam

Symmetriam: sed præcipua in contraria semper

Signa volunt duci transversa, ut di-
   ximus antè.

Summa igitur ratio Signorum ha-
   beatur in omni

Composito; dat enim reliquis pretium,
   atque vigorem.

Non ita Naturæ astanti sis cuique re-
   vinctus,

Hanc præter nihil ut Genio studioque
   relinquas;

Nec sine teste rei Natura, Artisque
   Magistra

Quidlibet ingenio memor ut tantummodo rerum

Marginal notes:

XVIII. Quæ fugienda in distributione & Compositione.

170

175

XIX. Natura Genio accommodanda.

110 *Pingere posse putes ; errorum est pluri-*
ma sylva ,
Multiplicesque viæ ; bene agendi ter-
minus unus ,
Linea recta velut sola est , & mille re-
curvæ :
Sed juxta Antiquos Naturam imita-
bere pulchram ,
115 *Qualem forma rei propria , objectam-*
que requirit.

XX.
Signa An-
tiqua Naturæ
modum con-
fluuunt.

Non te igitur lateant antiqua Numis-
mata , Gemmæ ,
Vasa, Typi , Statuæ , cælataque Mar-
mora Signis ;
Quodque refert specie Veterum post
secula mentem ;
Splendidior quippe ex illis assurgit
imago ,
120 *Magnaque se rerum facies aperit me-*
ditanti ;
Tunc nostri tenuem secli miserebere
sortem.

maîtresse la Nature, * que vous devez toûjours avoir présente comme
un témoin de la verité. On peut com-
mettre une infinité de fautes de toutes façons ; elles se trouvent par tout
aussi fréquentes & aussi épaisses que
les arbres dans une forêt ; & parmi
quantité de chemins qui égarent, il
ne s'en trouve qu'un bon qui puisse
conduire heureusement au but que
l'on se propose, de même que parmi
plusieurs lignes courbes il ne s'en
trouve qu'une droite.

Ce qu'il y a ici à faire, c'est d'imiter le beau Naturel, comme ont fait
les Anciens, tel que l'objet & la Nature de la chose le demandent : Et
c'est pour cela que vous serez soigneux de rechercher les Médailles
antiques, les Statuës, les Vases, les
Bas-reliefs, * & tout ce qui fait connoître les Pensées & les Inventions
des Grecs, parce qu'elles nous donnent de grandes idées, & nous font
produire de belles choses. Et en vérité, après les avoir bien examinées,
vous y trouverez tant de charmes,
que vous aurez compassion de la de-

C iiij

ſtinée de notre ſiecle, ſans eſperance aucune que l'on puiſſe jamais arriver à ce point.

XXI.
Comme il faut traiter une Figure ſeule

* Si vous n'avez qu'une Figure à traiter, il faut qu'elle ſoit parfaitement belle & diverſifiée de pluſieurs couleurs.

XXII.
Les Draperies.

195 * Que les Draperies ſoient jettées noblement, que les plis en ſoient amples, * & qu'ils ſuivent l'ordre des parties, les faiſant voir deſſous par le moyen des Lumieres & des Ombres; encore que ces parties ſoient ſouvent traverſées par le coulant des plis qui flotent à l'entour, 200 * ſans y être trop adherans & collés; mais qu'ils les marquent en les flatant par la diſcretion des ombres & des clairs. * Et ſi ces parties ſe trouvent trop écartées les unes des autres, en ſorte qu'il y ait des vuides où il ſe rencontre des bruns, il faudra prendre occaſion de placer dans le vuide quelque pli pour les accoupler. * Et comme la beauté des membres ne conſiſte pas dans la quantité des muſcles, qu'au contrai-
205 re ceux qui en font le moins paroître,

Cùm spes nulla siet redituræ æqualis
 in ævum,
Exquisita siet formâ dum sola Figu-
 ra
Pingitur, & multis variata Coloribus
 esto.
Lati amplique sinus Pannorum, & no-
 bilis ordo
Membra sequens, subter latitantia
 Lumine & Umbra
Exprimet, ille licet transversus sæpe
 feratur,
Et circumfusos Pannorum porrigat
 extra
Membra sinus, non contiguos, ip-
 sisque Figuræ
Partibus impressos, quasi Pannus ad-
 hæreat illis;
Sed modicè expressos cum Lumine ser-
 vet & Umbris:
Quæque intermissis passim sunt dif-
 sita vanis
Copulet, inductiis subterve, superve
 lacernis.
Et membra ut magnis paucisque ex-
 pressa lacertis.
Majestate aliis præstant formâ atque
 decore;

XXI.
Sola Figura quomodo tractanda.

195

XXII.
Quid in Pannis observandum.

200

205

Haud secus in Pannis quos supr.ı op-
tavimus amplos
Per paucos sinuum flexus, rugasque,
striasque;
Membra super versu faciles inducere
præstat.
Naturæque rei proprius sit Pannus,
abundans
210 Patriciis, succinctus erit crassisque
Bubulcis
Mancipiisque; levis, teneris, graci-
lisque Puellis.
Inque cavis maculisque umbrarum
aliquanto tumescet
Lumen ut excipiens, operis quà Mas-
sa requirit
Latius extendat, sublatisque aggre-
get umbris.

215
XVIII.
Tabulæ or-
namentum.
Nobilia Arma juvant virtutum or-
nantque Figuras,
Qualia Musarum, Belli, Cultusque
Deorum:

XXIV.
Ornamen-
tum Auri &
Gemmarum.
Nec sit opus nimiùm Gemmis Auro-
que refertum;
Rara etenim magno in pretio, sed plu-
rima vili.

ont plus de majesté que les autres ; ainsi la beauté des Draperies ne consiste pas dans la quantité des plis, mais dans un ordre simple & naturel. Il y faut encore observer la qualité des personnes, * comme des Magistrats, à qui vous donnerez des Draperies fort amples ; aux Païsans & aux Esclaves, de grosses & de retroussées ; * & aux Filles, de tendres & de legeres. Il sera bon quelquefois de tirer des endroits creux quelque pli, & de le faire enfler ; afin que recevant du jour, il contribue à étendre le clair aux endroits où la Masse le demande : & que par ce moyen il vous ôte des ombres dures, qui ne sont que des taches.

* Les marques des vertus contribuent beaucoup par leur noblesse à l'ornement des figures ; comme sont celles des Sciences, de la Guerre, & des Sacrifices : * mais que l'Ouvrage ne soit pas trop enrichi d'or ni de pierreries ; parce que les plus rares sont plus cheres & plus précieuses, & celles qui sont le grand nombre sont des plus communes, & se don-

210

215

XXIII.
Ornement du Tableau.
XXIV.
Des Pierres precieuses & des Perles pour ornement.

nent pour un prix médiocre.

XXV.
Modele.
220

* Il sera très expédient de faire un modele des choses dont le Naturel est difficile à tenir, & dont nous ne pouvons pas disposer comme il nous plaît.

XXVI.
La Scene du Tableau.

* Que l'on considere les lieux où l'on met la scene du Tableau, les pays d'où sont ceux que l'on y fait paroître, leurs façons de faire, leurs coûtumes, leurs loix, & ce qui fait leur bien-séance.

XXVII.
Les Graces & la Noblesse.

Que l'on remarque dans tout ce que vous faites de la Noblesse * & de la Grace : mais, à dire le vrai, c'est une chose très-difficile, & un présent très-rare que l'homme reçoit plutôt du ciel que de ses études.

XXVIII.
Que chaque chose soit en sa place.
225

Il faut suivre en toutes choses l'ordre de la nature. C'est pourquoi vous vous garderez bien de peindre les nuées, les vents & les tonnerres dans les Lambris qui sont près des pieds, & l'enfer ou les eaux dans les Plat-fonds. Vous ne ferez pas aussi porter sur une perche un colosse de pierre : mais que toute chose soit dans la place qui lui est convenable.

Quæ deinde ex Vero nequeunt præsen- XXV.
    te, videri *Prototypus.*
Prototypum prius illorum formare ju- 220
    vabit.

Conveniat locus atque habitus, rituf- XXVI.
    que actusque, *Convenien-*
Servetur; sit Nobilitas, Charitumque *tia rerum*
    cum Scena.
    Venustas, XXVII.
    Carites &
(Rarum homini, munus, Cælo, non *Nobilitas.*
    Arte petendum.)

Naturæ sit ubique tenor ratioque se- XXVIII.
    quenda. *Res quæ-*
Non vicina pedum Tabulata, excelsa *que locum*
    suum teneat.
    tonantis 225
Astra domus depicta gerent nubesque,
    notosque ;
Nec mare depressum Laquearia sum-
    ma vel Orcum ;
Marmoreamque feret cannis vaga
    pergula molem :
Congrua sed propriâ semper statione
    locentur.

230 *Hæc præter motus animorum & corde repoſtos*

Exprimere Affectus, pauciſque coloribus ipſam

Pingere poſſe animam, atque oculis præbere videndam,

Hoc opus, hic labor eſt : pauci quos æquus amavit

Juppiter, aut ardens evexit ad æthera virtus,

235 *Dîs ſimiles potuere manu miracula tanta.*

Hos ego Rhetoribus tractandos deſero, tantum

Egregii antiquum memorabo ſophiſma Magiſtri,

Verius affectus animi vigor exprimit ardens,

Solliciti nimiùm quam ſedula cura laboris.

240 *Denique nil ſapiat Gotthorum barbara trito*

Ornamenta modo ſæclorum & monſtra malorum;

Queis ubi bella, famem & peſtem, Diſcordia, Luxus,

Et Romanorum Res grandior intulit Orbi,

XXIX.
Affectus.

XXX.
Gotthorum
ornamenta
fugienda.

D'exprimer outre tout cela les mouvemens des esprits & les affections
qui ont leur siege dans le cœur ; en un
mot, de faire avec un peu de couleurs que l'ame nous soit visible, * c'est
où consiste la plus grande difficulté :
Nous en voyons assurément bien
peu que Jupiter en cela ait regardés
d'un œil favorable. Aussi n'appar-
tient-il qu'à ces Esprits, qui participent en quelque chose de la Divinité, d'operer de si grandes merveilles.
Je laisse aux Rhéteurs à traiter de ces
caractéres des Passions ; & pour moi
je me contenterai seulement de rapporter ce qu'en dit autrefois un excellent Maître, *Que les mouvemens
de l'ame qui sont étudiés, ne sont jamais si naturels que ceux qui se voyent
dans la chaleur d'une veritable Passion.*

N'ayez aucun goût pour les Ornemens Gothiques, qui sont autant
de monstres que les mauvais siécles
ont produits, pendant lesquels après
que la Discorde & l'Ambition, cau-
sées par la trop grande étendue de
l'Empire Romain, eurent répandu la

230
XXIX.
Des Passions.

235

240
XXX.
Qu'il faut
fuir les
ornemens
Gothiques.

guerre, la peste & la famine par tout
le monde, on vit périr les plus su-
perbes Edifices ; & la noblesse des
beaux Arts s'éteindre & mourir.
Alors, la Peinture vit consumer
ses merveilles par le feu, & pour
ne point périr avec elles, * on la
vit se sauver dans des lieux soûterrains, ausquels elle confia le peu de
reste que le sort lui avoit laissé, pendant qu'en ces mêmes siécles la
Sculpture s'est vûë si long-temps
ensevelie sous tant de ruines avec ses
beaux Ouvrages & ses Statues si admirables. L'Empire cependant, ab-
batu sous le poids de ses crimes, ne
méritant pas de joüir de la lumiére,
se trouva enveloppé d'une nuit affreuse, qui le plongea dans un abî-
me d'erreurs, & couvrit des épaisses
ténébres de l'ignorance ces malheu-
reux siécles, pour les punir de leur
impiété. D'où vient que de tous les
Ouvrages de ces Grands Hommes
de la Gréce, il ne nous est rien resté
de leur Peinture & de leur Coloris,
qui puisse aider nos Ouvriers, ni
dans l'Invention ni dans la maniere :

Ingenuæ

Ingenuæ periere Artes, periere superb-
bæ
Artificum moles, sua tunc miracula 245.
vidit
Ignibus absumi Pictura, latere coa-
cta
Fornicibus, sortem & reliquam consi-
dere Cryptis,
Marmoribusque diu Sculptura jacere
sepultis.
Imperium interea scelerum gravitate
satiscens
Horrida nox totum invasit, donoque 250
superni
Luminis indignum, errorum caligine
mersit,
Impiaque ignaris damnavit sæcla
tenebris:
Unde Colorum Graiis, huc usque
Magistris
Nil super est tantorum Hominum quod
Mente Manoque
Nostrates juvet Artifices, doceatque 255
Laborem;
Nec qui Chromatices nobis hoc tempo-
re partes
Restituat, quales Zeuxis tractaverat
olim.

CROMA-
TICE
Tertia Pars
Picturæ.

D

Hujus quanto magis velut Arte æqua-
    vit Apellem
Pictorum Archigraphum meruitque
    Coloribus altum
160 Nominis æterni famam toto orbe fo-
    nantem.
Hæc quidem ut in Tabulis fallax sed
    grata Venustas,
Et complementum Graphidos (mira-
    bile visu)
Pulchra vocabatur, sed subdola Lena
    Sororis :
Non tamen hoc Lenocinium; fucuf-
    que, dolufque
165 Dedecori fuit unquam; illi sed semper
    honori,
Laudibus & meritis; hanc ergo nosse
    juvabit.

Lux variam vivumque dabit, nul-
    lum Umbra Colorem.

Quo magis adversum est corpus lucif-
    que propinquum,

Aussi ne voit-on personne qui réta-
blisse * la ≥ CROMATIQUE, & qui la
remette en vigueur au point que la
porta Zeuxis, lorsque par cette Partie, qui est pleine de charmes & de
magie, & qui sçait si admirablement
tromper la vue, il se rendit égal au
fameux Apelle, le Prince des Peintres, & qu'il mérita pour toujours la
réputation qu'il s'est établie par tout
le monde. Et comme cette Partie (que
l'on peut dire l'ame & le dernier
achevement de la Peinture) est une
beauté trompeuse, mais flateuse &
agreable, on l'accusoit de produire
* sa Sœur, & de nous engager adroi-
tement à l'aimer : Mais tant s'en faut
que cette prostitution, ce fard & cette tromperie l'ayent jamais deshono-
rée, qu'au contraire elles n'ont servi
qu'à la loüange, & à faire voir son
mérite : Il sera donc très avantageux
de la connoître.

* La lumiere produit toutes sortes
de couleurs, & l'ombre n'en donne
aucune.

Plus un corps nous est directement
opposé & proche de la Lumiere, plus

6 Coloris ou
Cromatique.
Troisiéme
partie de la
Peinture.

160

16.

il est éclairé ; parce que la Lumiere s'affoiblit en s'éloignant de sa source.

270 Plus un corps est proche des yeux, & leur est plus directement opposé, d'autant mieux se voit-il ; car la vue s'affoiblit en s'éloignant.

XXXI.
Conduite des Tons, des Lumieres & des Ombres.

Il faut donc que les corps ronds, qui sont vûs vis-à-vis en angle droit, soient de couleurs vives & fortes, & que les extrémités tournent en se perdant insensiblement & confusément, sans que le Clair se précipite tout d'un coup dans l'Obscur, ni l'Obscur tout d'un coup dans le Clair : 275 mais il se fera un passage commun & imperceptible des Clairs dans les Ombres & des Ombres dans les Clairs. Et c'est conformément à ces principes qu'il faut traiter tout un Grouppe de Figures, quoique composé de plusieurs parties ; de même que vous feriez une seule tête, soit qu'il y ait deux Grouppes, ou même trois : * ce qui sera tout au plus) si votre composition le demande ; & pre- 280 nez garde qu'ils soient détachés les uns des autres : Enfin vous ménagerez

Clarius eſt Lumen, nam debilitatur
    eundo ;
Quo magis eſt corpus directum oculiſ- 270
    que propinquum ,
Conſpicitur melius ; nam viſus hebeſ-
    cit eundo.
Ergo in corporibus quæ viſa adverſa
    rotundis
Integra ſint , extrema abſcedant per-
    dita ſignis
Confuſis non præcipiti labentur in Um-
    bram
Clara gradu, nec adumbrata in Clara 275
    alta repente
Prorumpant ; ſed erit ſenſim hinc at-
    que inde meatus
Lucis & Umbrarum ; capitiſque unius
    ad inſtar
Totum opus, ex multis quamquam ſit
    partibus unus
Luminis Umbrarumque globus tan-
    tummodo fiet ,
Sive duo vel tres ad ſummum , ubi 280
    gradius eſſet
Diviſum Pegma in partes ſtatione re-
    motas.
Sintque ita diſcreti interſe ratione co-
    lorum ,

XXXI.
Tonorum ;
Luminum &
Umbrarum
ratio.

Luminis umbrarumque anteorsum ut
    corpora clara
Obscura umbrarum requies spectanda
    relinquat ;
385 Claroque exiliant umbrata atque as-
    pera Campo ;
Ac veluti in speculis convexis eminet
    ante
Asperior re ipsa vigor & vis aucta co-
    lorum
Partibus adversis; magis & fuga rup-
    ta retrorsum
Illorum est (ut visa minùs vergentibus
    oris)
390 Corporibus dabimus formas hoc more
    rotundas ,
Mente Modoque igitur Plastes & Pi-
    ctor eodem
Dispositum tractabit Opus ; quæ Scul-
    ptor in orbem
Atterit , hæc rupto procul abscedente
    colore
Assequitur Pictor , fugientiaque illa
    retrorsum
395 Jam signata minùs confusa coloribus
    aufert ;
Anteriora quidem directè adversa, co-
    lore

fi bien les Couleurs, les Clairs & les
Ombres, * que vous ferez paroiſtre
les corps éclairés par des Ombres
qui arrêtent votre vue, qui ne lui
permettent pas ſi - tôt d'aller plus
loin, & qui la font repoſer pour quelque temps, & réciproquement vous 285
rendrez les Ombres ſenſibles par un
Fond éclairé.

Vous donnerez le relief & la rondeur aux corps * de la même façon
que le Miroir convexe vous le montre, dans lequel nous voyons les Figures & toutes les autres choſes qui
avancent plus fortes & plus vives
que le Naturel même, * & que celles
qui tournent, ſont de couleurs rom- 290
pues, comme étant moins diſtinguées
& plus proches des bords.

Le Peintre & le Sculpteur travail-
leront donc de même intention &
avec la même conduite : car ce que
le Sculpteur abbat & arrondit avec le
fer, le Peintre le fait avec ſon pinceau,
chaſſant derriere ce qu'il fait moins
paroître par la diminution & la rupture de ſes couleurs, & tirant en de- 295
hors par les teintes les plus vives &

les ombres les plus fortes, ce qui est directement opposé à la vue, comme étant plus sensible & plus distingué; & enfin mettant sur la toile nue les Couleurs qu'il empruntera du Naturel, qu'il ne doit voir que d'un seul endroit & d'un même coup d'œil, de sorte que sans se remuer, il semble tourner autour de la Figure qu'il représente.

XXXII. *Corps opaques sur des champs lumineux.* Quand des corps solides, sensibles au toucher & opaques se trouvent sur des champ lumineux & transparents, comme sont le Ciel, les Nuées, les Eaux, & toute autre chose vague & vuide d'objets différens, ils doivent être plus aspres & plus marqués que ce qui les entoure, afin qu'étant plus forts par le Clair & l'Obscur, ou par des Couleurs plus sensibles, ils puissent subsister & conserver leur solidité parmi ces especes aërées & diaphanes, & qu'au contraire ces Fonds, qui sont, comme nous avons dit, le Ciel, les Nuées & les Eaux, étant plus clairs & plus unis, ils s'en éloignent davantage.

On ne peut pas admettre deux Jours
Integra,

Integra, vivaci summo cum Lumine
    & Umbra
Antrorsum distincta refert velut aspe-
    ra visu.
Sicque super planum inducit Leucoma
    Colores.
Hos velut ex ipsa Naturâ immotus ea-
    dem
Intuitu circum Statuas daret inde ro-
    tundas.
Densa Figurarum solidis, quæ corpo-
    ra formis
Subdita sunt tactu non translucent,
    sed opaca
In translucendi spatio ut super Aëra,
    Nubes
Lympida stagna Undarum, & inania
    cætera debent
Asperiora illis prope circumstantibus
    esse,
Ut distincta magis firmo cum Lumine
    & Umbra,
Et gravioribus ut sustenta coloribus;
    inter
Aëri as species subsistent semper opaca:
Sed contra procul abscedant perlu-
    cida densis
Corporibus leviora; uti Nubes, Aër
    & Undæ.   E

300

XXXII.
Corpo-
ra den-
sa & opa-
ca cæteris tran-
slucentibus.

305

310

Non poterunt diversa locis duo Lumi-
na eadem
In Tabulâ paria admitti, aut æqualia
pingi:
Majus at in mediam Lumen cadet
usque Tabellam
315 *Latius infusum, primis quà summa*
Figuris
Res agitur, circumque oras minuetur
eundo:
Utque in progressu Jubar attenuatur ab
ortu
Solis ad occasum paulatim, & cessat
eundo;
Sic Tabulis Lumen, totâ in compage
Colorum,
320 *Primo à fonte, minus sensim declinat*
eundo.
Majus ut in Statuis per compita stan-
tibus Urbis
Lumen habent Partes superæ, minus
inferiores,
Idem erit in Tabulis, majorque nec
Umbra vel ater
Membra Figurarum intrabit Color;
atque secabit:
325 *Corpora sed circum Umbra cavis lati-*
tabit oberrans,

égaux dans un même Tableau ; mais le plus grand frappera fortement le milieu , & étendra sa plus grande lumiére aux endroits où seront les Principales Figures , & où se passera le fort de l'action , se diminuant du côté des bords à mesure qu'il en approchera le plus. Et de la même façon que la lumiere du Soleil s'affoiblit insensiblement dans son étendue depuis le Levant , qui est son origine, jusqu'au Couchant où elle vient enfin à se perdre ; ainsi la Lumiere de votre Tableau distribuée sur toutes vos Couleurs, sera moins sensible , si elle est moins proche de sa source. L'expérience en est palpable dans les Statues que l'on voit au milieu des Places publiques , dont les parties supérieures sont plus éclairées que les inférieures. Vous les imiterez donc dans la distribution de vos Lumieres.

Evitez les ombres fortes sur le milieu des Membres, de peur que le trop de Noir qui compose ces Ombres, ne semble entrer dedans & les couper : cherchez plutôt à les placer à l'en-

XXXIII.
qu'il ne faut pas faire jours égaux dans le Tableau.
315

320

325

E ij

tour, pour relever davantage les Parties, & prenez votre Jour si avantageux, qu'après de grandes Lumieres
vous trouviez de grandes Ombres.
D'où vient que c'est avec raison que
l'on dit du Titien, qu'il n'avoit pas de
meilleure regle pour la distribution des
Clairs & des Bruns que la *Grappe de
Raisin.*

130
XXXIV.
Le Blanc
& le Noir.

* Le Blanc tout pur avance ou recule indifferemment ; il s'approche
avec du Noir, & s'éloigne sans lui :
* Mais pour le Noir tout pur, il n'y
a rien qui s'approche davantage.

La Lumiere alterée de quelque couleur ne manque point de la communiquer au Corps qu'elle frappe, aussi
bien que l'air par lequel elle passe.

135
XXXV.
Reflexion
des Couleurs

Les Corps qui sont ensemble reçoivent les uns des autres la Couleur qui
leur est opposée, & se réfléchissent re-
ciproquement celle qui leur est propre
& naturelle.

XXXVI.
L'Union.

Il faut aussi que la plûpart des Corps
qui sont sous une Lumiere étendue &
distribuée également par tout, tiennent
de la Couleur les uns des autres. Les
Vénitiens ayant en grande recomman-

Atque ita quæretur Lux oportuna Fi-
　　guris ,
Ut latè infusum Lumen lata Umbra
　　sequatur :
Unde nec imméritò fertur Titianus
　　ubique
Lucis & Umbrarum Normam appel-
　　lasse Racemum.
Purum Album esse potest propiusque　330
　　magisque remotum :　　　　　　　XXXIV.
　　　　　　　　　　　　　　　　　Album &
Cum Nigro antevenit propiùs , fugit Nigrum.
　　absque , remotum :
Purum autem Nigrum antrorsum ve-
　　nit usque propinquum.
Lux fucata suo tingit miscetque Co-
　　lore
Corpora , sicque suo , per quem Lux　335
　　funditur , aer.　　　　　　　　　XXXV.
　　　　　　　　　　　　　　　　　Colorum
Corpora juncta simul , circumfusosque reflexio.
　　Colores
Excipiunt , propiumque aliis radiosa
　　reflectunt.
Pluribus in Solidis liquidâ sub Luce　XXXVI.
　　propinquis　　　　　　　　　　　Unio Co-
　　　　　　　　　　　　　　　　　lorum.
Participes , mixtosque simul decet esse
　　Colores ,
Hanc Normam Veneti Pictores ritè se-
　　quuti ,

340 (*Quæ fuit Antiquis Corruptio dicta*
       Colorum)
Cum plures Opere in magno posuère
       Figuras,
Ne conjuncta simul variorum inimica
       Colorum
Congeries formam implicitam & con-
       cisà minuis
Membra daret Pannis, totam unam-
       quamque Figuram
Assui aut uno tantùm vestire Colore
345 *Sunt soliti, variando Tonis tunicam-*
       que togamque
Carbaseosque Sinus, vel amicum in
       Lumine & Umbrâ
Contiguis circum rebus sociando Colo-
       rem.

XXXVII. *Quà minus est spatii aërii, aut quà*
Aër inter-   *purior Aër,*
positus. *Cuncta magis distincta patent, species-*
       que reservant :
350 *Quàque magis densus nebulis, aut plu-*
       rimus Aer
Amplum inter fuerit spatium porre-
       ctus, in auras
XXXVIII. *Confundet rerum species, & perdet*
Distantia-   *inanes.*
rum Relatic. *Anteriora magis semper finita remotis*

dation cette maxime (que les Anciens **340**
appellerent Rupture de Couleurs) dans
la quantité de Figures dont ils ont rempli leurs Tableaux, ont toujours recherché l'union des Couleurs, de peur
qu'étant trop différentes, elles ne viennent à embaraffer la vüe par leur confufion avec la quantité des Membres **345**
féparés par leurs Plis, qui font encore
en affez grand nombre ; & pour cet
effet ils ont peint leurs Draperies de
Couleurs approchantes les unes des
autres, & ne les ont prefque diftinguées que par la diminution du Clair-
Obfcur, en accouplant les Objets
contigus, par la participation de leurs
Couleurs, & en liant ainfi d'amitié
les Lumieres & les Ombres.

Moins il y a d'éfpace aerée entre **XXXVII.**
nous & l'Objet, & plus l'Air eft pur, *L'Air in-*
d'autant plus les efpéces fe confer- *terpofé.*
vent & fe diftinguent : & tout au con- **350**
traire, plus il y a d'Air, & moins il eft
pur, d'autant plus l'Objet fe con-
fond & fe broüille.

Les Objets qui font fur le devant **XXXVIII.**
doivent être toujours plus finis que *Relation*
ceux qui font derriere, & doivent *des Diftan-ces,*

E iiij

dominer sur les choses qui sont con-
155 fonduës & fuyantes ; * Mais que cela se fasse relativement, c'est-à dire,
qu'une chose plus grande & plus forte
en chasse derriere une plus petite,
& la rende moins sensible par son
opposition.

XXXIX.
Les Corps
éloignés.
Les choses qui sont fort éloignées,
bien qu'en grand nombre, ne feront
qu'une masse ; de même que les
feüilles sur les arbres, & les flots dans
la mer.

XL.
Des Corps
contigus, &
de ceux qui
sont separés.
Que les Objets qui doivent être
contigus, ne soient point separés, &
que ceux qui doivent être separés,
nous le paroissent ; mais que ce soit
160 toujours par une agréable & petite
difference.

XLI.
Qu'il faut
eviter les ex-
trêmes con-
traires.
* Que jamais deux extrêmités contraires ne se touchent, soit en Couleur, ou en Lumiere ; mais qu'il y ait
un milieu participant de l'un & de
l'autre.

XLII.
Diversité
de Tons & de
Couleurs.
Les Corps seront par tout diffe-
rents de Tons & de Couleurs : que
ceux qui sont derriere se lient & fassent amitié ensemble, & que ceux de
devant soient forts & pétillans.

Incertis dominentur & abscedentibus, 358
   idque
More relativo, ut majora minoribus
   extent.
Cuncta minuta procul Massam den-   XXXIX.
   satur in unam,   Corpora
Ut folia arboribus sylvarum, & in   procul distan-
   Æquore fluctus.   tia.
Contigua inter se coëant, sed dissita   XL.
   distent,   Contigua
Distabuntque tamen grato & discri-   & Dissita.
   mine parvo.   360
Extrema extremis contraria jungere   XLI.
   noli;   Contraria
Sed medio sint utque gradu sociata   extrema fu-
   Coloris.   gienda.

Corporum erit Tonus atque Color va-   XLII.
   riatus ubique   Tonus &
Quærat amicitiam retrò, ferus emi-   Color varii,
   cet ante.

365   *Supremum in Tabulis Lumen oapta-*
     re diei

XLIII.
Luminis
Delectus.

Infanus labor Artificum ; cum attin-
     gere tantum
Non Pigmenta queant ; auream fed
     vefpere Lucem,
Seu modicam mane albentem , five
     ætheris actam
Poft Hyemem nimbis transfufo Sole
     caducam,
370 Seu nebulis fultam accipient, tonitru-
     que rubentem.

XLIV.
Quædam
circa Praxim.

Lævia quæ lucent , veluti Chriftalla ;
     Metalla ,
Ligna, Offa & Lapides ; Villofa , ut
     Vellera , Pelles ,
Barbæ , aqueique Oculi , Crines , Ho-
     loferica , Plumæ ;
Et Liquida , ut ftagnans Aqua , refle-
     xæque fub Undis
375 Corporeæ fpecies & Aquis contermina
     cuncta ,
Subter ad extremum liquidè fint picta,
     fuperque

* C'eſt travailler en vain que de 365
prendre dans les Tableaux un grand
Jour de midi, vû que nous n'avons
point de Couleurs qui puiſſent jamais y atteindre : mais il eſt plus à
propos de prendre une Lumiere plus
foible, comme eſt celle du Soir, dont
le Soleil dore les campagnes, ou celle du Matin, dont la blancheur eſt
moderée, ou celle qui paroît après
une Pluye, lorſque le Soleil ne nous
la donne qu'au travers des nuages,
ou pendant un tonnerre, que les 370
nuées nous la dérobent, & nous la
font paroître rougeâtre.

Les Corps polis, comme ſont les
Criſtaux, les Métaux, les Bois, l'Os,
& les Pierres ; ceux qui ſont couverts
de Poil, comme les Peaux, la Barbe
& les Cheveux ; comme auſſi la Plume, la Soye, & les Yeux qui ſont aqueux
de leur naturel ; les choſes liqui-
des, comme les Eaux & les eſpeces
corporelles que nous y voyons refle-
chies ; enfin tout ce qui les tou- 375
che & qui eſt auprès d'elles, doivent
être beaucoup & uniment peints par
deſſous, mais touchez fiérement par

XLIII.
Le choix
de Lumiere.

XLIV.
Certaines
choſes qui
regardent la
Pratique.

deſſus des Clairs & des Ombres qui
leur couviennent.

XLV.
Le Champ
du Tableau.

    * Que le Champ du Tableau ſoit
vague, ſuyant, leger & bien uni enſemble, de Couleurs amies, & ſait
d'un mélange où il entre de toutes
les Couleurs qui compoſent l'Ouvrage, comme ſeroit le reſte d'une Palette ; & que réciproquement les
Corps participent de la Couleur de
leur Champ.

280

XLVI.
Vivacité des
Couleurs.

    * Que vos Couleurs ſoient vives ;
ſans pourtant donner, comme on dit,
dans la Farine.

    * Que les Parties plus élevées &
plus proches de vous ſoient fortement
empâtées de Couleurs brillantes, &
qu'au contraire celles qui tournent en
ſoient peu chargées.

XLVII.
L'Ombre.

285

    * Qu'il y ait une telle harmonie
dans les Maſſes de votre Tableau,
que toutes les Ombres n'en paroiſſent qu'une.

XLVIII.
Que le Ta-
bleau ſoit
tout d'une
pâte.

    Que votre Tableau * ſoit tout
d'une Pâte, & fuyez tant que vous
pourrez de peindre à ſec.

XLIX.
Le Miroir
eſt le Maître
des Peintres.

    * Le miroir vous apprendra quan-
tité de belles choſes, que vous re-

Luminibus percuſſa ſuis , ſigniſque re-
    poſtis

Area vel Campus Tabulæ vagus eſto   XLV.
    leviſque   Campus
Abſcedat latus , liquidèque bene unc-   Tabulæ.
    tus amicis
Tota ex mole Coloribus , unâ ſive Pa-   380
    tellà :
Quæque cadunt retrò in Campum con-
    finia Campo.

Vividus eſto Color nimio non Pallidus   XLVI.
    Albo ,   Color vi
Adverſiſque locis ingeſtus plurimus   vidus , no
    ardens ;   tamen palli
Sed leviter parcèque datus vergentibus dus.
    oris.

                                        XLVII.
                                         Umbra.
Cuncta Labore ſimul coëant , velut   385
    Umbra in eâdem.   XLVIII
Tota ſiet Tabula ex unâ depicta Pa-   Ex una P
    tellà.   tella ſit
Multa ex Naturâ Speculum præclara   Tabula.
    docebit ;   XLIX.
                                         Speculu
                                         Pictorum
                                         Magiſter.

Quæque procul Sero spatiis spectantu
  in amplis.

Dimidia Effigies, que sola, vel integra plures
Ante alias posita ad Lucem, stet pro-
  xima visu,
390 Et latis spectanda locis, oculisque re-
  mota,
Luminis Umbrarumque gradu sit picta
  supremo.
Partibus in minimis imitatio justa juvabit
Effigiem, alternas referendo tempore
  eodem
395 Consimiles Partes, cum Luminis atque
  Coloris
Compositis justisque Tonis, tunc parta
  Labore
Si facili & vegeto micat ardens, viva
  videtur.

L.
Dimidia
Figura vel
integra
ante alias.

LI.
Effigies.

marquerez fur la nature, auffi bien que les Objets vûs le Soir dans des endroits fpacieux.

Si vous avez à peindre une demi-Figure, ou une Figure entiere, qui foit devant plufieurs autres, il faut qu'elle paroiffe proche de la vûë, & fi vous avez à la faire dans un grand lieu, & qu'elle foit éloignée des yeux, n'y épargnez par les plus grands Clairs, les Couleurs les plus vives, ni les plus fortes Ombres.

* Pour ce qui eft des Portraits, il faut faire précifément ce que la nature vous montre, travaillant en même temps aux Parties qui fe reffemblent, comme font les Yeux, les Jouës, les Levres & les Narines, en forte que vous touchiez à l'une fi tôt que vous aurez donné un coup de Pinceau à l'autre, de peur que le temps & l'interruption ne vous faffe perdre l'idée d'une partie que la nature a produite pour reffembler à l'autre ; & imitant ainfi trait pour trait toutes les parties avec une jufte & harmonieufe compofition de Clair-Obfcur & de Couleurs, &

390

L.
La demie Figure, ou l'entiere devant d'autres

LI.
Le Portrait.

395.

donnant à votre Portrait le brillant que la facilité & la vigueur du Pin-
400 ceau font voir, alors il paroîtra tout plein de vie.

LII.
La Place du Tableau.

Les Ouvrages peints dans les petits lieux doivent être fort tendres & fort unis de Tons & de Couleurs, dont les degrés feront plus differens, plus inégaux, & plus fiers fi l'Ouvrage eft plus éloigné : & fi vous faites jamais de grandes Figures, qu'elles foient de Couleurs fortes, & dans des lieux fort fpacieux.

LIII.
Les Lumieres larges

* Peignez le plus tendrement qu'il vous fera poffible, & faites perdre infenfiblement vos * Lumieres larges dans les Ombres qui les fuivent & qui les entourent.

LIV.
Combien il faut de Lumiere pour la place du Tableau.

Si votre Tableau doit être placé dans un lieu éclairé d'une petite Lumiere, les Couleurs en doivent être fort claires ; & tout au contraire, fort brunes, fi le lieu eft fort éclairé,
405 ou fi c'eft en plein jour.

LV.
Les chofes vicieufes en Peinture, qu'il faut éviter

Souvenez-vous d'éviter les Objets pleins de trous, brifez en piéces, menus, & qui font feparés en lambeaux : fuyez auffi les chofes Barba-
Vifa

Visa loco angusto tenere pingantur, LII.
    amico Locus Ta-
Juncta Colore graduque, procul quæ bulæ.
    picta feroci
Sint & inæquali variata Colore, To- 409
    noque.
Grandia signa volunt spatia ampla
    ferosque Colores.
Lumina lata unctas simul undique co- LIII.
    pulet Umbras Lumina lat
Extremus Labor. In Tabulas demissa LIV.
    fenestris Quantica
Si fuerit Lux parva, Color clarissimus Luminis
    esto: loci in qu
Vividus at contra obscurusque in Lu- Tabula e
    mine aperto. exponenda.
    405

Quæ vacuis divisa cavis vitare me- LV.
    mento: Errores
Trita, minuta, simul quæ non stipata vitiabis Co
    dehiscunt;
Barbara, Cruda oculis, rugis fucata
    Colorum,

                        F

Luminis Umbrarumque Tonis æqualia cuncta;
410 Fæda, cruenta, cruces, obſcæna, in-
grata, chimeras,
Sordidaque & miſera, & vel acuta;
vel aſpera taſtu,
Quæque dabunt formæ temerè congeſta
ruinam,
Implicitaſque aliis confundent miſcua
Partes.

LVI.
Prudentia
in Pictore.
415
Dumque fugis vitioſa, cave in contraria labi
Damna mali, Vitium extremis nam
ſemper inhæret,

LVII.
Elegantium
Idæa Tabula-
rum.
Pulchra gradu ſummo Graphidos ſta-
bilita Vetuſtæ
Nobilibus Signis ſunt Grandia, Diſ-
ſita, Pura,
Terſa, velut minimè confuſa, Labore
Ligata,
Partibus ex magnis pauciſque effiſta,
Colorum
420 Corporibus diſtinſta feris, ſed ſemper
amicis.
Qui bene cœpit, uti faſti jam fertur
habere

res ; rudes à la vûë : bigarées de
Couleurs , & tout ce qui est d'une
égale force d'Ombre & de Lumiere :
comme aussi les choses impudiques ,
sordides , mal-séantes , cruelles , chi-   410
meriques , pauvres & misérables ; celles qui sont aiguës & rudes au toucher ; enfin tout ce qui corrompt sa
forme par une confusion de parties
embarassées les unes dans les autres :
car les Yeux ont horreur des choses que
les Mains ne voudroient pas toucher.

Mais pendant que vous vous effor-
cez d'éviter un vice, prenez garde de
ne point tomber dans un autre : car le
bien est entre deux extrémités également blâmables.

Les choses belles dans le dernier
degré , selon la maxime des Anciens
Peintres , * doivent avoir du grand
& les contours nobles ; elles doivent
être démeslées , pures & sans alte-
ration , nettes , & liées ensemble ,
composées de grandes parties , mais
en petit nombre , & enfin distinguées
de Couleurs fieres , mais toujours   420
amies.

De même que l'on dit , que celui

LVI.
Prudence
du Peintre.
415

LVII.
Idée d'un
beau Tableau

F ij

qui a bien commencé, a déja fait la moitié de son Ouvrage : * ainsi il n'y a rien de plus pernicieux à un Enfant qui est dans les Elemens de la Peinture, que d'entrer sous la Discipline d'un Maître ignorant, qui lui dé-
prave le Goût par une infinité d'er-
reurs, dont ses Ouvrages sont rem-
plis, & lui fasse boire le venin qui l'infecte pour le reste de ses jours.

Que celui qui commence ne se hâte pas tant d'étudier après Nature tout ce qu'il sera, qu'auparavant il ne sçache les Proportions, l'Attachement des Parties, & leurs Contours ; qu'il n'ait bien examiné les excellens Originaux, & qu'il ne soit instruit des douces Tromperies de l'Art, qu'il aura apprises d'un sçavant Maître, plutôt par la Pratique & en le voyant faire, qu'en l'écou-
tant seulement parler.

* Cherchez tout ce qui aide votre Art & qui lui convient, fuyez tout ce qui lui repugne.

* Les Corps de diverse nature ag-
grouppés ensemble sont agréables & plaisans à la vûe, * aussi bien que

Dimidium; Picturam ita nil sub lumine primo

Ingrediens Puer offendit damnosius
   Arti,

Quàm varia errorum genera ignoran-
   te Magistro

Ex pravis libare Typis, mentemque 425
   veneno

Inficere, in toto quod non abstergitur
   ævo.

Nec Graphidos rudis Artis adhuc
   citò qualiacumque

Corpora viva super studium meditabi-
   tur ante

Illorum quam Symmetriam, Internodia, Formam

Noverit, inspectis docto evolvente 430
   Magistro

Archetypis, dulcesque Dolos præsen-
   serit Artis.

Plusque Manu ante oculos quàm voce
   docebitur usus.

Quære Artem quæcumque juvant, fu-
   ge quæque repugnant.

Corpora diversæ naturæ juncta placebunt;

Sic ea quæ facili contempta labore vi-
   dentur:

LVIII.
Pictor Tyrot

LIX.
Ars debet
servire Picto-
ri, non Pictor
Arti.

LX.
Oculos re-
creant diver-
sitas & Ope-
ris facilitas?
quæ specia-
tim Ars di-
citur.
435

Æthereus quippe ignis inest & spiri-
tus illis.

Mente diu versata, manu celeranda
repenti.

Arsque Laborque Operis gratâ sic
fraude latebit.

Maxima deinde erit ars, nihil artis
inesse videri.

LXI.
Archety-
pus in mente,
Apographum
in tela.

[440] Nec prius inducas Tabulæ Pigmenta
Colorum,

Expensi quàm signa Typi stabilita ni-
tescant ;

Et menti præsens Operis sit Pegma fu-
turi.

LXII.
Circinus in
oculis,

Prævaleat sensus rationi, quæ officit
Arti

Conspicuæ, inque oculis tantummodo
Circinus esto.

LXIII.
Superbia
Pictori nocet
plurimùm.

[445] Utere Doctorum Monitis, nec sperne
superbus

les choses qui paroissent être faites avec facilité ; parce qu'elles sont pleines d'esprit & d'un certain Feu celeste qui les anime ; mais vous ne ferez les choses avec cette Facilité, qu'après les avoir long - temps roulées dans votre Esprit : & c'est ainsi que vous cacherez sous une agréable tromperie la peine que vous aura donné votre Art & votre Ouvrage ; car le plus grand de tous les Artifices c'est de faire paroître qu'il n'y en a point.

Ne donnez jamais aucun coup de Pinceau, qu'auparavant vous n'ayez bien examiné votre dessein, arrêté vos Contours, * & que vous n'ayez present dans l'Esprit l'effet de votre Ouvrage.

* Que l'œil soit satisfait au préjudice de toutes sortes de raisons, qui font naître des difficultés dans votre Art, qui de soi-même n'en souffre aucune : & que le Compas soit plutôt dans les yeux, que dans les mains.

* Tirez votre profit des avis des Gens Doctes, & ne méprisez pas

440
LXI.
L'Original dans la Tête, & la Copie sur la Toile :

LXII.
Le Compas dans les yeux

445
LXIII.
L'orgueil nuit extrémement au Peintre,

avec arrogance d'apprendre le fenti-
ment d'un chacun fur vos Ouvrages :
tout le monde eft aveugle dans fes
propres affaires , & perfonne n'eft
capable de porter jugement dans fa
propre caufe , non plus que de retirer fon affection des chofes qu'il a
enfantées , & dont il eft l'admirateur.
* Mais fi vous n'avez point d'Ami
fçavant qui vous aide de fon confeil,
celui du temps ne vous manquera
pas , après que vous aurez laiflé paffer quelques femaines , ou du moins
450 quelques jours , fans voir votre Ouvrage , il vous en découvrira ingé-
nuëment les beautés & les deffauts.
Ne vous laiffez pourtant pas aller
trop facilement aux avis du Vulgai-
re , qui parle bien fouvent fans con-
noiffance , & n'abandonnez pas ainfi
votre génie , pour changer avec
trop de legéreté ce que vous avez
fait ; car celui qui fe met en tête & qui
455 fe flate de la vaine efperance de me-
riter l'approbation du Peuple , dont
les Jugemens font inconfiderés &
changeans à toute heure , fe nuit à
foi - même , & ne plaît à perfonne.

Difcere

Discere quæ de te fuerit Sententia
    Vulgi.
Est cæcus nam quisque suis in rebus,
    & expers
Judicii, Prolemque suam miratur
    amatque.
'Ast ubi Consilium deerit Sapientis
    Amici,
Id tempus dabit, atque mora intermis- 450
    sa labori.
Non facilis tamen ad nutus & ina-
    nia Vulgi
Dicta levis mutabis Opus, Geniumque
    relinques;
Nam qui parte sua sperat bene posse
    mereri
Multivaga de Plebe, nocet sibi, nec
    placet ulli.

G

LXIV.
γνῶθι
σεαυτόν

455 *Cumque Opere in proprio soleat se*
pingere Pictor,
(Prolem adeo sibi ferre parem Natu-
ra suevit)
Proderit imprimis Pictori γνῶθι σεαυτόν
Ut data quæ Genio colat, abstineatque
negatis.
Fructibus utque suus nunquam est sa-
por, atque venustas
460 *Floribus, insueto in fundo præcoce sub*
anni
Tempore, quos cultus violentus &
ignis adegit;
Sic numquam nimio quæ sunt extorta
labore,
Et picta invito Genio: nunquam illa
placebunt.

LXV.
Quod men-
te conceperis
manu com-
proba.

Vera super meditando, Manus, La-
bor improbus adsit:
Nec tamen obtundat Genium, men-
tisque vigorem.
465

Comme le Peintre a coutume de se peindre dans ses Ouvrages (tant la Nature est accoutûmée à produire son semblable) il sera bon qu'il se connoisse soi-même, * afin de cultiver, les talens qui font son génie, & qu'il a reçus de la nature, & de ne perdre point mal-heureusement le temps à la recherche de ceux qu'elle lui a refusés.

LXIV.
Il faut se connoître.

De même que les fruits n'ont jamais le goût, ni les fleurs la beauté qui leur est naturelle, lorsqu'ils sont dans un Fonds étranger, & qu'on les fait avancer plutôt que leur saison par une chaleur artificielle ; ainsi vous avez beau peiner vos Ouvrages, si c'est malgré votre génie & contre la pente de la nature, ils ne reüssiront jamais.

460

* En méditant sur ces vérités, en les observant soigneusement, & y faisant toutes les reflexions nécessaires, que le travail de la main accompagne votre étude, qu'il la seconde, & qu'il la soûtienne, sans pourtant émousser la pointe du génie, & en abattre la vigueur par trop d'exactitude.

LXV.
Pratiquer sans relâche & facilement ce qu'on a conçu.
465

LXVI.
Le Matin
est propre au
travail.

* La plus belle & la meilleure partie de nos jours est le matin : employez - le donc au travail qui demande le plus de soin & le plus d'application.

LXVII.
Faire tous
les jours
quelque chose.

* Qu'aucun jour ne se passe sans tirer quelque Ligne.

470

Remarquez par les ruës les Airs de tête, les Attitudes & les Expressions naturelles, qui seront d'autant plus libres, qu'elles seront moins observées.

LXVIII.
Les Passions
vrayes & na-
turelles.

LXIX.
Les Tablet-
tes.

* Soyez prompt à mettre sur vos Tablettes (que vous aurez toujours prêtes) tout ce que vous en jugerez digne, soit sur la Terre, ou dans l'Air, ou sur les eaux, pendant que les especes en demeurent encore fraîches dans votre esprit.

475

* La peinture ne se plaît pas trop dans le vin ni dans la bonne chere ; si ce n'est afin que l'Esprit épuisé par le Travail, prenne une nouvelle vigueur dans la conversation des Amis. Elle ne se plaît pas non plus dans l'embarras des affaires ni dans les procès, * mais dans la liberté du Celibat. * Elle s'éloigne autant qu'elle

Optima nostrorum pars est matutina
   dierum,
Difficili hanc igitur potiorem impende
   Labori.

LXVI.
Matutinum tempus Labori aptum.

Nulla dies abeat quin linea ducta su-
   perfit
Perque vias vultus hominum, motuf-
   que notabis

LXVII.
singulis die-bus aliquid faciendum, 470

Libertate suâ proprios, positasque Figuras
Ex se se faciles : ut inobservatus ha-
   bebis.

LXVIII.
Affectus inobservati & naturales.

Mox quodcumque Mari, Terris &
   in Aere pulchrum
Contigerit, Cartis propera mandare
   paratis,

LXIX.
Non desint Pugillares.

Dum præsens animo species tibi fervet hianti.
Non epulis nimis indulget Pictura, 475
   meroque
Parcit, Amicorum quantum ut ser-
   mone benigno
Exhaustam reparet mentem recreata,
   sed inde
Litibus & caris in Calibe libera vi-
   tâ
Secessus procul à turbâ strepituque re-
   motos

480 *Villarum rurisque beata silentia qua-*
      rit :
Namque recollecto totâ incumbente
      Minervâ
Ingenio rerum species præsentior ex-
      tat
Commodiusque Operis compagem am-
      plectitur omnem.
Infami tibi non potior sit avara pe-
      culi
485 *Cura, aurique fames, modicâ quam*
      sorte beato
Nominis æterni & laudis pruritus ha-
      bendæ
Condignæ pulchrorum Operum merce-
      dis in ævum.
Judicium, docile Ingenium, Cor no-
      bile, Sensus
Sublimes, firmum Corpus, florensque
      Juventa,
490 *Commoda Res, Labor Artis amor,*
      doctusque Magister;
Et quamcumque voles occasio porrigat
      ansam,
Ni Genius quidam adfuerit Sydusque
      benignum,
Dotibus his tantis, nec adhuc Ars tan-
      ta paratur :

peut du bruit & du tumulte, pour 480
joüir du repos de la campagne : parce
que dans le silence on est plus disposé à s'appliquer fortement au Travail, & à produire des Idées qui demeurent toujours présentes jusqu'à
la fin de l'Ouvrage, dont on embraffe le tout ensemble plus commode-
ment.

Que le trop grand soin de devenir
riche ne vous fasse pas négliger votre
réputation : mais vous contentant 485
plutôt d'une fortune médiocre, ne
songez qu'à vous acquerir pour toute récompense de vos beaux Ouvrages, un renom glorieux, qui ne périra
qu'avec les Siécles.

* Les qualités d'un excellent Peintre sont, d'avoir le Jugement bon,
l'Esprit docile, le Cœur noble, le
Sens sublime, de la ferveur, de la
Santé, de la Jeunesse, de la Beauté,
la commodité des Biens, le Travail,
l'Amour pour son Art, & d'être sous
la discipline d'un sçavant Maître. 490
Et quelque Sujet que vous puissiez
choisir, ou que le hazard & la bonne
fortune vous présentent, si vous n'avez

le génie ou l'inclination naturelle
que demande votre Art, vous ne
parviendrez jamais à sa perfection
avec tous ces grands avantages que
je viens de dire : car il y a bien loin de
ce que peut faire la Main à cette sorte
d'intelligence que donne une heureuse
Naissance & un beau génie.

495 Les choses les plus belles ne paf-
sent pour telles au sentiment des Doctes, que pour être moins mal ; car
personne ne voit ses deffauts, * & la
vie est si courte, qu'elle ne suffit pas
pour un Art de si longue haleine. Les
forces nous manquent lorsque dans
notre vieillesse nous commençons à
devenir sçavant ; elle nous accable
à mesure qu'elle nous instruit, & ne
souffre jamais dans les membres que
le froid des années a glacés, l'ardeur
vive & boüillante de la Jeunesse.

500 * Courage donc, chers Enfans de
Minerve, qui êtes nés sous l'Influence d'un Astre benin ; vous qu'elle échauffe de son feu, qu'elle attire
à l'amour de la science, & qu'elle a
choisis pour ses nourrissons : employez avec joye les forces de votre

Distat ab ingenio longè Manus. Op-
  tima Doctis
Censentur quæ prava minus; latet om- 495
  nibus error,
Vitaque tam longæ brevior non sufficit
  Arti ;
Desinimus nam posse senes cùm scire
  periti
Incipimus, doctamque Manum gra-
  vat ægra senectus.
Nec gelidis fervet juvenilis in Artu-
  bus ardor.

Quare agite, ô Juvenes, placido quos 500
  Sydere natos
Paciferæ studia allectant tranquilla
  Minervæ,
Quosque suo fovet igne; sibi que opta-
  vit Alumnos,
Eia agite! atque animis ingentem in-
  gentibus Artem

Exercete alacres, dum strenua corda
    Juventus
305 Viribus extimulat vegetis, patiensque
    laborum est ;
Dum vacua errorum nulloque imbuta
    sapore
Pura nitet mens, & rerum sitibunda
    novarum
Præsentes haurit species atque humida
    servat.

LXX.
Ordo Stu-
diorum.

In Geometrali priùs Arte parumper
    adulti
310 Signa Antiqua super Graïorum addis-
    cite formam ;
Nec mora nec requies, noctuque diu-
    que labori
Illorum Menti atque Modo, vos do-
    nec agendi
Praxis ab assiduo faciles assueverit
    usu.

Mox ubi Judicium emensis adoleverit
    annis

Esprit à un Art qui les demande toutes ; pendant que la jeuneſſe vous les
fournit & y donne de la pointe & de
la vigueur, pendant dis-je que votre
Eſprit pur & vuide de toute erreur ⁵⁰⁵
n'a encore pris aucune mauvaiſe tein-
ture, & que dans la ſoif où il eſt de
la nouveauté des choſes, il ſe remplit des premieres eſpeces qui ſe pré-
ſentent, & les donne en garde à la
mémoire, qui dans ſa premiere hu-
midité les conſerve plus long-temps.

    * Pour bien faire, * vous commen-
cerez par la Géométrie ; & après en
avoir appris quelque choſe, * mettez-vous à deſſiner d'après les Antiques Grecques, * & ne vous donnez point de relâche ni jour ni nuit,
qu'auparavant vous ne vous ſoyez
acquis, par une continuelle pratique, une habitude facile de les imiter dans leurs Inventions & dans leur
Maniere.

    * Et enſuite lorſque le Juge-
ment ſe ſera fortifié, & ſera par-
venu à ſa maturité, il ſera très-bon
de voir & d'examiner l'un après
l'autre, & partie à partie par un or-

LXX.
L'ordre que
doit tenir le
Peintre dans
ſes Etudes.
510

115 dre suivi, de la maniere que nous
avons dit ci - devant , & selon les
régles que nous en avons données ,
les Ouvrages qui ont tant acquis de
réputation aux Maîtres de la premiere Classe ; comme sont les Romains , les Vénitiens , les Parmesans ,
& ceux de Bologne.

Parmi tous ces excellens hommes , R A P H A E L a eu en partage
l'Invention. Elle lui a fait faire autant de miracles que de Tableaux ,
120 où l'on remarque * une certaine
grace qui lui étoit particuliere &
naturelle , & que personne depuis
ne s'est jamais pû rendre familiere.
M I C H E L A N G E a possédé
puissamment le dessein par dessus
tous les autres. * J U L E S R O M A I N
élevé dès son enfance dans le païs
des Muses, nous a ouvert le Tresor
du Parnasse , & par une Poësie peinte , il a découvert à nos yeux les plus
sacrés Mystéres d'Apollon , & tous
les Ornemens les plus rares , que ce
Dieu soit capable de communiquer
aux Ouvrages qu'il inspire ; ce que
nous ne connoissions jusques alors

Singula quæ celebrant primæ Exem- 515
plaria classis
Romani, Veneti, Parmenses, atque
Bononi
Partibus in cunctis pedetentim atque
ordine recto,
Ut monitum suprà est vos expendisse
juvabit.

Hos apud invenit R A P H A E L mi-
racula summo
Ducta modo, Veneresque habuit quas 520
nemo deinceps.
Quidquid erat formæ scivit B O N A-
R O T A potenter.
J U L I U S à puero Musarum eductus
in Antris
Aonias reseravit opes, Graphicáque
Poësi
Quæ non visa priùs, sed tantùm audi-
ta Poëtis

525 *Ante oculos spectanda dedit Sacraria*
      Phœbi :
Quæque coronatis complevit bella
      triumphis
Heroüm Fortuna potens, casusque de-
      coros
Nobilius re ipsà antiquâ pinxisse vide-
      tur.
Clarior antè alios CORREGIVS ex-
      titit, amplâ
530 *Luce superfusà circum coëuntibus*
      Umbris,
Pingendique Modo grandi, & trac-
      tando Colore
Corpora. Amicitiam, gradusque,
      dolosque Colorum,
Compagemque ita disposuit TITIA-
      NVS ut inde
Divus appellatus, magnis sit honori-
      bus auctus
535 *Fortunæque bonis: Quos sedulus AN-*
      NIBAL omnes
In propriam Mentem atque Modum
      mira arte coegit.

que par le recit que nous en avoient
fait les Poëtes. Il semble avoir peint 526
avec plus de Noblesse & de Magni-
ficence que la chose même n'en
avoit aux siécles passés, les fameu-
ses guerres que la fortune toute-
puissante des Héros a finies en les
faisant triompher des têtes couron-
nées, & les autres grands & illustres évenemens qu'elle a causés
dans le monde. LE CORREGE
s'est rendu recommandable pour
avoir donné de la force à ses Figures, sans y mettre d'Ombre que tout
autour, encore sont elles si bien mêlées & confonduës avec leur Clairs,
qu'elles sont presque imperceptibles. Il est encore unique dans sa 530
grande maniere de peindre, & dans
la facilité qu'il a euë à manier les
Couleurs. Et le TITIEN a si bien
entendu l'union, les masses & les
corps des Couleurs, l'harmonie des
tons & la disposition du tout - ensemble, qu'avec le nom de Divin il
a mérité d'être comblé d'honneurs
& de biens. Le soigneux ANNI- 535
BAL a pris de tous ces grands Hom-

mes ce qu'il en a trouvé de bon, dont il a fait comme un précis qu'il a converti en sa propre substance.

C'est un grand moyen pour profiter beaucoup, que de copier avec soin les excellens Tableaux & les beaux Desseins : mais la nature présente devant les yeux vous en apprendra encore davantage, parce qu'elle augmente la force du génie : & c'est d'elle que l'Art tire la plus grande perfection par le moyen de 540 l'Expérience. * Je passe sous silence beaucoup de choses que vous apprendrez dans le Commentaire.

Considerant que toutes choses sont sujetes à la vicissitude des temps, & qu'elles peuvent périr par différentes voyes, j'ai crû que je devois prendre la hardiesse de * donner en garde aux Muses, ces aimables & ces im-
545 mortelles Sœurs de la Peinture, le peu de préceptes que j'en ai fait.

Je me suis occupé à travailler cet Ouvrage dans Rome, pendant que l'honneur des Bourbons & le Vangeur de ses Ancêtres LOUIS XIII. lançoit ses foudres sur les Alpes, qu'il

Plurimus

Pluribus inde labor Tabulas imi-
    tando juvabit
Egregias, Operumque Typos ; sed plu-
    ra docebit
Natura ante oculos præsens ; nam fir-
    mat & auget
Vim Genii, ex illâque Artem Expe-
    rientia complet.
Multa superstileo quæ Commentaria
    dicunt.

Hæc ego , dum memoror subitura
    volubilis ævi
Cuncta vices , variisque olim peritura
    ruinis ,
Pauca Sophismata sum Graphica im-
    mortalibus ausus
Credere Pieriis. Romæ meditatus , ad
    Alpes
Dum super insanas moles inimicaque
    castra
Borbonidum decus & vindex Lo-
    ▫ ▫ r c ▫ s Avorum.

Fulminat ardenti dextra, Patriæque resurgens

Gallicus Alcides, premit Hispani ora Leonis.

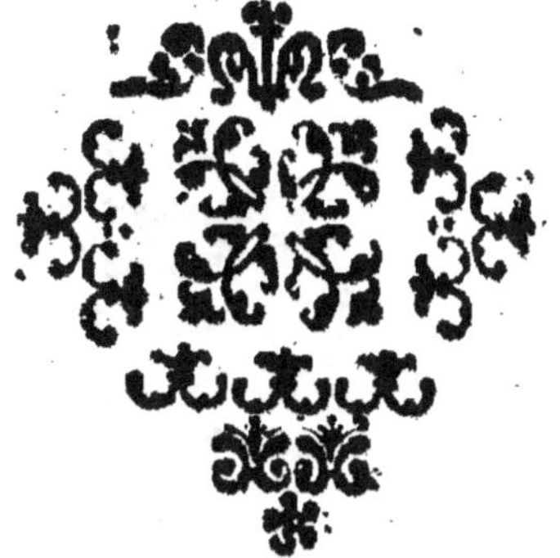

faifoit reſſentir la force de ſon Bras à
ſes ennemis ; & que comme un autre
Hercule François rénaiſſant pour le
bien de la Patrie , il étouffoit le Lion
d'Eſpagne.

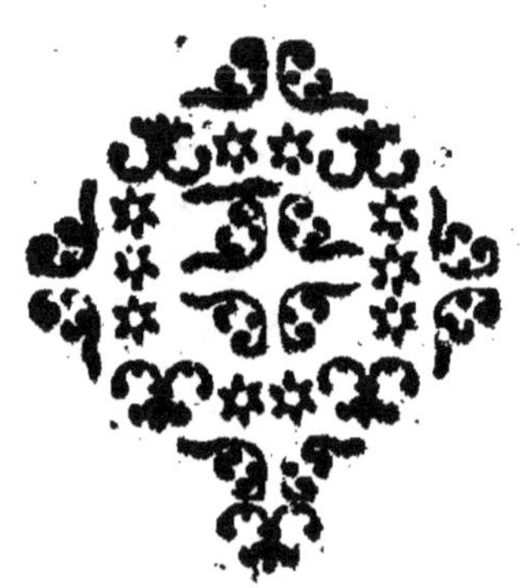

Fin de la Table des Préceptes.

REMARQUES

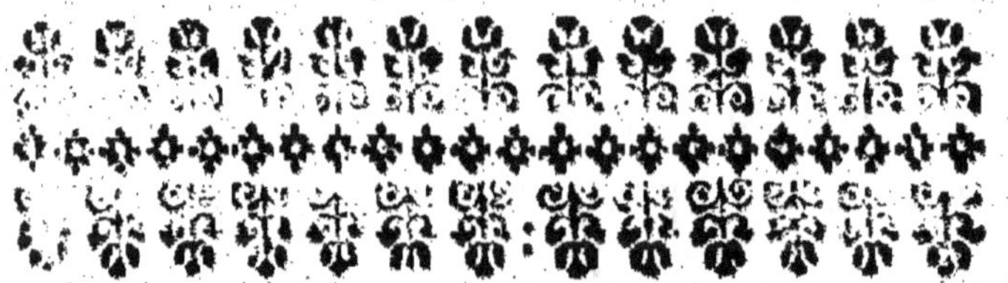

REMARQUES
SUR L'ART
DE
PEINTURE
DE CHARLES ALFONSE
DU FRESNOY.

Le nombre qui est à la tête de chaque Remarque sert à trouver, dans le texte, l'endroit sur lequel la Remarque est faite.

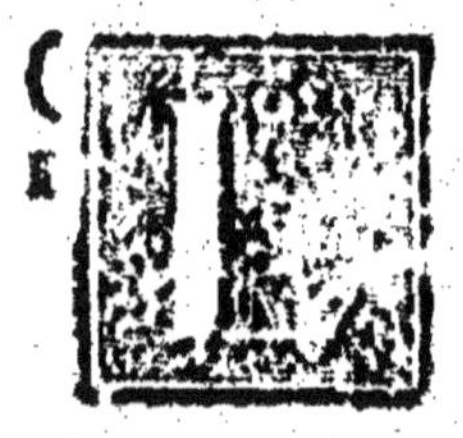

(1) *A Peinture & la Poësie sont deux Sœurs qui se ressemblent si fort en toutes choses.*) C'est une verité qui demeure pour constante, que les Arts ont un cer-

Dans son
Traité de
l'Idolatrie.

tain rapport les uns aux autres. *Il n'y a pas un Art* (dit Tertullien) *qui ne soit pere ou parent d'un autre.* Et Cicéron, dans son Oraison pour le Poëte Archias, dit que, *Tous les Arts qui regardent la vie humaine ont entre eux comme une espece d'alliance, & se tiennent tous, s'il faut ainsi dire, par la main.* Mais ceux de tous les Arts, qui sont les plus proches & les plus anciens parens, sont la Peinture & la Poësie ; & quiconque voudra bien les examiner, les trouvera si ressemblantes en toutes choses, qu'il n'aura pas de peine à croire qu'elles soient Sœurs.

Elles suivent toutes deux la même pente, & elles se laissent emporter plutôt que conduire à leurs secretes inclinations, qui sont autant de semences de la Divinité. *Il y a un Dieu au dedans de nous - même* (dit Ovide parlant des Poëtes) *lequel nous échauffe en nous agitant.* Et Suidas dit, *Que ce fameux Sculpteur Phidias, & que Zeuxis ce Peintre incomparable, tous deux transportés par un entousiasme, ont donné la vie à leurs Ou-*

Dans les
Fastes au
commence-
ment du li-
vre 6.

vrages. Elles tendent toutes deux à la même fin, qui est l'imitation. Toutes deux excitent nos passions ; & nous nous laissons tromper volontairement, mais agréablement, par l'une & par l'autre ; nos yeux & nos esprits y sont si fort attachés, que nous voulons nous persuader que les corps peints respirent, & que les fictions sont des vérités. Toutes deux sont occupées par les belles actions des Héros, & travaillent à les éterniser. Toutes deux enfin sont appuyées sur les forces de l'Imagination, & se servent des licences qu'Apollon leur donne également, & que leur Génie leur inspire.

> *Pictoribus atque Poëtis*
> *Quidlibet audendi semper fuit æqua*
> *potestas.*

Horace dans son Art Poëtique.

L'avantage que la Peinture a pardessus la Poësie, est, que parmi cette grande diversité de Langues, elle se fait entendre de toutes les Nations de la terre ; & qu'elle est nécessaire à tous les autres Arts, à cause du besoin qu'ils ont de figures demonstratives, qui donnent bien souvent plus d'intelligence que tous les difcours du monde.

Hor. dans fon Art. Poet.

Segnius irritant animos demiſſa per aurem

Quam quæ ſunt oculis commiſſa fidelibus.

Les choſes qui entrent dans l'eſprit par les oreilles, prennent un chemin bien plus long, & touchent bien moins que celles qui y entrent par les yeux, leſquels ſont des témoins plus fideles & plus ſûrs que les oreilles.

§ 9. (*Car pour contribuer toutes deux aux ſacrés honneurs de la Religion.*) La Poëſie par ſes Hymnes & par ſes Cantiques, & la Peinture par ſes Statues, par ſes Tableaux, & par tous les ornemens qui inſpirent du reſpect & de la vénération pour les ſaints Myſtéres. Grégoire de Nice après avoir fait une longue deſcriptisn du Sacrifice d'Abraham, dit ces Dans ſon Oraiſon de la Deïté du Fils & du ſaint Eſprit. paroles : *J'ai ſouvent jetté les yeux ſur un Tableau qui repreſente ce ſpectacle digne de pitié, & je ne les ai jamais retirés ſans larmes ; tant la Peinture a ſçû repréſenter la choſe comme ſi elle ſe paſſoit effectivement.*

24. (*Tant ces Arts divins, ont été honorés, & tant ils ont eû de puissance.*) Les grands Seigneurs, les Villes & les Magistrats tenoient autrefois à grand honneur d'obtenir quelque Tableau de la main de ces grands Peintres de l'Antiquité. Mais cet honneur est bien déchû aujourd'huy parmi la Noblesse de France, & si vous en voulez sçavoir la cause, Vitruve vous dira que c'est l'ignorance de ces beaux Arts: *Propter ignorantiam* (dit-il) *Artis virtutes obscurantur.* Et nous verrions cet Art admirable de la Peinture tomber dans le dernier mépris, si notre grand Roi, qui ne cede en rien à la Magnanimité du grand Alexandre, n'avoit fait paroître autant d'amour pour la Peinture, comme il a montré de valeur pour la guerre. Nous le voyons caresser ce bel Art par les visites & par les présens considerables qu'il fait à son premier Peintre, après avoir établi & fondé, pour le progrès & pour la perfection de la Peinture, une Académie que son premier Ministre honore de sa protection, de

Pline l. 35.

Dans la Pref. du 5. livre.

I iij

ſes ſoins , & ſouvent de ſes viſites.
De ſorte que nous verrions revenir
entiérement le ſiécle d'Apelle , & revivre tous les beaux Arts , ſi nos gé-
néreux Gentils-hommes, qui ſuivent
notre incomparable Monarque avec
tant d'ardeur & de courage dans tous
les périls où il s'expoſe pour la grandeur & la gloire de ſon Royaume ,
ſuivoient de même cette noble affection qu'il a pour tous les excellens
Ouvriers. Ce qu'il y avoit de perſonnes conſiderables & d'illuſtre naiſſance dans la Gréce , prirent un ſoin
particulier daurant pluſieurs ſiécles de
ſe faire inſtruire à la Peinture , ſuivant une loüable & utile coûtume ,
dont le Grand Alexandre étoit l'Auteur ; qui étoit d'apprendre à deſſei-
gner avant toute autre choſe. Et Pline qui en rend témoignage dans ſon
dixiéme chapitre du 35. livre, dit encore parlant de Pamphile Maître
d'Apelle, *Que ce fut par l'autorité de
ce Prince, qu'à Sicyone premierement,
& enſuite par toute la Gréce, les jeunes Gentils-hommes apprirent avant
toute autre choſe a deſſiner ſur des*

tablettes de buis, & que l'on donna à la Peinture le premier rang parmi les Arts liberaux. Et ce qui fait voir qu'ils étoient fort intelligens dans cet Art, c'est l'amour & la considéra-tion qu'ils avoient pour les Peintres. Demetrius en donna d'avantageux témoignages au siége de Rhodes, où il voulut bien employer quelque par-tie du temps qu'il devoit aux soins de son armée à visiter Protogenes, qui pour lors faisoit le Tableau de Jalisus : Cet ouvrage (dit Pline) empécha le Roi Demetrius de prendre Rhodes dans l'apprehension qu'il avoit de brú-ler les Tableaux , & ne pouvant par autre coté mettre le feu dans la Ville , il aima mieux épargner la Peinture , que de recevoir la Victoire qui lui étoit offerte. Protogenes avoit pour lors son Attelier dans un jardin hors de la Ville , tout proche du Camp des enne-mis , où il achevoit assidûment les Ou-vrages qu'il avoit commencés , sans que le bruit des armes fut capable de l'interrompre ; mais Demetrius l'ayant fait venir , & lui ayant demandé avec quelle hardiesse il osoit ainsi travailler*

Liv. 33. c. 10.

I iiij

au milieu des ennemis : Il lui répondit, qu'il sçavoit fort bien que la guerre qu'il avoit entreprise, étoit contre les Rhodiens, & non pas contre les Arts. Ce qui obligea le Roi de lui donner des gardes pour sa sureté, étant ravi de pouvoir conserver la main qu'il avoit ainsi sauvée de la barbarie & de l'insolence des Soldats. Alexandre n'avoit pas de plus sensible plaisir, que lorsqu'il étoit dans l'Attelier d'Apelle, où on le trouvoit presque toujours ; & ce Peintre reçut un jour une marque très-sensible de son amitié & de la complaisance qu'il avoit pour lui : *Car lui ayant fait peindre toute nue (à cause de son admirable beauté) l'une de ses Concubines qu'on appelloit Campaspe, & celle de toutes les autres à qui il avoit donné le plus de part dans son cœur, & s'étant apperçu qu'elle avoit frappé d'un même trait celui d'Apelle, il lui en fit un present.* L'on portoit en ce temps-là tant d'honneur à la Peinture, que ceux qui avoient quelque habileté dans cet Art, ne peignoient sur aucune chose qui ne pût être transportée

Pline liv. 35. c. 10.

d'un lieu à un autre, & qu'on ne pût garantir d'un embrâsement : *Ils se seroient bien gardés (comme* dit Pline dans le même endroit que je vous ai déja cité) *de peindre contre un mur qui n'auroit pu être qu'à un Maître, qui seroit toujours demeuré dans un même lieu, & qu'on n'auroit pû dérober à la rigueur des flammes ; il n'étoit pas permis de retenir comme en prison la Peinture sur les murailles; elle demeuroit indifferemment dans toutes les Villes, & un Peintre étoit un bien commun à toute la Terre.* Voyez vous-même cet excellent Auteur, & vous trouverez que son dixiéme chapitre du 35. livre est tout plein de loüanges de la Peinture, & des honneurs qu'on lui rendoit. Vous y verrez qu'il n'étoit permis qu'aux Nobles de la professer. François I. au rapport de Vazari, aima tant la Peinture, qu'il fit venir d'Italie tout ce qu'il y pût trouver d'habiles hommes, pour rendre cet Art fleurissant dans son Royaume ; entre autres Léonard de Vinci, lequel après avoir été quelque temps en France, mourut à Fontainebleau entre les bras de ce grand Prince, qui ne pût voit cette mort fans en verfer des larmes. Charles - Quint a enrichi l'Efpagne des plus précieux Tableaux que nous ayons aujourd'hui. Ridolfi dans la Vie du Titien, dit, que cet Empereur ramaffa un jour un pinceau que ce Peintre avoit laiffé tomber en lui faifant fon portrait, & fur le remerciement & l'excufe que le Titien lui en faifoit, il lui dit ces paroles ; *Titien merite d'être fervi par Cefar.* Et dans la même Vie, l'on voit que cet Empereur *fe vantoit & s'eftimoit glorieux, non feulement de s'être rendu des Provinces tributaires, mais d'avoir obtenu trois fois l'immortalité par les mains du Titien.* Si vous voulez prendre la peine de lire la Vie de ce fameux Peintre dans Ridolfi, vous y verrez tous les honneurs qu'il a reçus de Charles-Quint ; il feroit trop long de vous en faire ici le détail : Je vous dirai feulement que les grands Seigneurs qui compofoient la Cour de cet Empereur, n'ayant pû s'empêcher de lui témoigner leur jalousie , sur ce qu'il préferoit la personne & la conversation du Titien à celle de tous les autres Courtisans, il leur dit ; *Qu'il ne manqueroit jamais de Courtisans; mais qu'il n'auroit pas toujours un Titien avec lui.* Aussi l'a - t - il comblé de biens , & quand il lui envoyoit de l'argent , qui étoit pour l'ordinaire une grosse somme, il lui témoignoit, que son dessein n'étoit pas de payer ses Tableaux , puisqu'il reconnoissoit qu'ils étoient sans prix ; à l'exemple des Grands de l'Antiquité, qui achetoient les belles Peintures à pleins boisseaux de piéces d'or sans compte & sans nombre : *In nummo aureo mensura accepit non numero,* dit Pline parlant d'Apelle. Quintilien infere de-là, qu'il n'y a rien de plus noble que la Peinture , puisque la plûpart des autres choses se marchandent , & ont un prix : *Pleraque hoc ipso possunt videri vilia quod pretium habent.* Voyez les 34, 35 & 36 livres de Pline. Quantité de grands Personnages l'ont aimée avec passion , & s'y sont exercés avec plaisir :

In Bruto. entre autres Lelius Fabius, l'un de ces fameux Romains, qui au rapport de Ciceron, depuis qu'il eut goûté la Peinture, & qu'il s'y fut exercé, voulut être appellé Fabius Pictor ; Turpilius Chevalier Romain , Labeon Préteur & Consul, Quintus Pédius, les Poëtes Ennius & Pacuvius, Socrate, Platon, Metrodore, Pirrhon, Commode, Neron, Vespasien, Alexandre Sevére, Antonin, & plusieurs autres Empereurs & Rois qui n'ont pas tenu au - dessous de leur Majesté d'y employer une partie de leur temps.

§ 37. (*La principale & la plus importante partie de la Peinture, est de sçavoir connoître que la Nature a fait de plus beau & de plus convenable à cet Art.*) Voici où échoüent presque tous les Peintres Flamans, dont la plûpart sçavent imiter la Nature pour le moins aussi bien que les Peintres des autres Nations ; mais ils en font un mauvais choix ; soit parce qu'ils n'ont pas vû l'Antique, ou que le beau naturel ne se trouve pas ordinairement dans leurs Païs. Et dans

la vérité ce beau étant fort rare, il
est connu de peu de personnes, il est
difficile d'en faire le choix, & de s'en
former des idées qui puissent servir
de modele.

39. (*Dont le choix s'en doit faire
selon le goût & la maniere des Anciens.*) C'est-à-dire, selon les Statues,
les Bas-reliefs, & selon les autres Ouvrages Antiques, tant des Grecs que
des Romains. On appelle Antique
ce qui a été fait depuis Alexandre le
Grand jusques à l'Empereur Phocas,
sous l'Empire duquel les Arts furent
ruinés par la guerre. Ces Ouvrages
Antiques ont toujours été depuis
leur naissance la régle de la beauté. Et en effet, leurs Auteurs ont pris
un tel soin de les mettre dans la perfection où nous les voyons, qu'ils
se servoient, non pas d'un seul naturel, mais de plusieurs dont ils pre-
noient les parties les plus reguliéres
pour en faire un beau Tout : *Les
Sculpteurs* (dit Maxime de Tyr) *par
un admirable artifice, choisissent de
plusieurs corps les parties qui leur sem-
blent les plus belles, & ne font de cet-*

Differe
VII.

te diverſité qu'une ſeule Statue ; mais ce melange eſt fait avec tant de prudence, & ſi àpropos, qu'ils ſemblent n'avoir eu pour modele, qu'une ſeule & parfaite beauté. Et ne vous imaginez pas de pouvoir jamais trouver une béauté naturelle qui le diſpute aux Statues, l'Art a toujours quelque choſe de plus parfait que la nature. Il eſt même à préſumer que dans le choix qu'il faiſoient de ces parties, ils ſuivoient le ſentiment des Medecins, qui étoient pour lors bien capables de leur donner des régles de la beauté, puiſque la beauté & la ſanté ſe doivent ordinairement ſuivre l'une l'autre. Car la béauté, ſelon Gallien, n'eſt autre choſe, qu'un juſte accord & une harmonie des membres les uns avec les autres, animés d'un bon temperament Et les hommes (dit le même Gallien) loüent une certaine Statue de Policlete qu'ils appellent la Regle, & qui a merité ce nom, pour avoir dans toutes ſes parties, un accord ſi parfait, & une proportion ſi exaſte, qu'il n'eſt pas poſſible d'y trouver à redire. L'on peut conclure de ce que

je vous viens d'alleguer, que les Antiques ſont belles, parce qu'elles reſ-
ſemblent à la belle nature ; & que la
nature ſera toujours belle quand elle reſſemblera aux belles Antiques.
Et voilà pourquoi perſonne depuis
ne s'eſt aviſé de diſputer la proportion de ces Antiques, & qu'au contraire, elles ont toujours été citées
comme les modeles des beautés les
plus parfaites. Ovide dans le **12** de ſes Metamorphoſes, où il fait la deſ- Verſ. 397.
cription de Cyllare le plus beau des
Centaures, dit, *Qu'il avoit une ſi
grande vivacité dans le viſage, le col,
les épaules, les mains, & l'eſtomac ſi
beaux, qu'on pouvoit aſſurer avec raiſon qu'en tout ce qu'il avoit de l'homme, c'étoit la même beauté que l'on
remarque dans les Statues les plus celebres.* Et Philoſtrate dans ſes Heroï-
ques parlant de Proteſilaüs, & loüant
la beauté de ſon viſage, dit, *Que la
forme de ſon né eſt quarree, & comme ſi c'etoit d'une Statue.* Et dans un
autre endroit parlant d'Euphorbe,
il dit, *Que ſa beauté a gagné le cœur
des Grecs, & qu'il etoit ſi approchant*

de la beauté d'une Statue, qu'on l'auroit pris pour Apollon. Et encore plus bas, parlant de la beauté de Neoptoléme, & de la reſſemblance qu'il avoit avec ſon pere Achille, dit, *Qu'en beauté ſon pere avoit autant d'avantage ſur lui que les Statues en ont ſur les beaux hommes :* Ce qui ſe doit entendre des plus belles Statues ; d'autant que parmi le grand nombre d'Ouvriers qui étoient dans la Gréce & dans l'Italie, il n'eſt pas poſſible qu'il n'y en ait eu de méchans, ou plutôt de moins habiles ; car bien que leurs Ouvrages ſoient beaucoup inférieurs à ceux de la premiere claſſe, on y remarque néanmoins un je ne ſçai quoi de grand, & une harmonieuſe diſtribution dans les parties : Ce qui fait aſſez connoître, qu'il y avoit en ce temps-là des Principes communs à tous les Ouvriers, & que chacun s'en ſervoit ſelon ſa capacité & ſon Génie. Ces Statues étoient un des plus grands ornemens de la Gréce ; il n'y a qu'à ouvrir le Livre de Pauſanias pour en voir la quantité prodigieuſe, ſoit au dedans,

ou

ou au dehors des Temples, foit dans les carrefours & dans les places publiques, foit même dans les campagnes & fur les Tombeaux. On en érigoit aux Mufes, aux Nimphes, aux Héros, aux grands Capitaines, aux Magiftrats, aux Philofophes, aux Poëtes ; on en érigeoit enfin à tous ceux qui s'étoient fignalés, ou dans la deffenfe de leur patrie, ou par quelque grande action digne de récompenfe ; car c'étoit la maniere la plus ordinaire & la plus authentique dont ufoient les Grécs & le Peuple Romain, pour témoigner leur gratitude. Les Romains dans la Conquête de la Gréce, en tranfporterent non feulement les plus belles Statues, mais en amenérent les meilleurs Ouvriers, qui en inftruifirent d'autres, & qui ont laiffé à la Pofterité des marques éternelles de leur fçavoir ; comme nous le voyons par ces admirables Statuës, ces Vafes, ces Bas-reliefs, & ces belles Colomnes Trajane & Antonine. Ce font toutes ces beautés, que notre Auteur nous propofe pour modéles, &

comme les véritables sources de la Science où il faut que les Peintres & les Sculpteurs aillent puiser eux mêmes, sans s'amuser aux ruisseaux quelquefois bien troubles & bien boüeux, je veux dire, à la maniere de leurs Maîtres, après laquelle ils vont rampans, & dont pour l'ordinaire ils ne veulent pas se départir, ou par négligence, ou par la bassesse de leur Génie. *Il n'appartient qu'aux esprits pesans (dit Ciceron) de s'amuser aux ruisseaux, & de ne point rechercher les sources d'où coulent toutes choses en abondance.*

Liv. 2. de Oratore.

40. (*Sans laquelle tout n'est qu'une barbarie aveugle, &c.*) Tout ce qui n'a rien du goût Antique s'appelle maniere Barbare, ou maniere Gothique, laquelle ne se conduit par aucune Regle, mais par un caprice bas, & qui n'a rien de noble. Il faut remarquer ici que les Peintres ne sont pas obligés de suivre l'Antique aussi exactement qne les Sculpteurs, parce que leurs figures sentiroient trop la Statue, & paroîtroient sans mouvement. Plusieurs Peintres, mê-

me des plus habiles, croyant bien
faire, & prenant ce précepte trop à
la lettre sont tombés dans ces inconvéniens. Il faut donc que les Peintres
se servent de l'Antique avec discre-
tion, & qu'ils y accommodent tellement le naturel, qu'il semble que
leurs Figures toutes vivantes ayent
plutôt servi de modéle pour les Antiques, que les Antiques pour leurs
Figures. Il semble que Raphaël se soit
parfaitement servi de cette conduite, & que les Lombards n'ayent vû
l'Antique precisément que pour
apprendre à faire un bon choix du
naturel, & pour donner de la grace
& de la noblesse à tout ce qu'ils ont
fait, par une idée genérale & confu-
se qu'ils avoient de ces belles choses ;
car du reste ils se sont assez licentiés,
à la réserve du Titien qui de tous
les Lombards a le plus conservé de
pureté dans ses Ouvrages. Cette
maniere Barbare dont je viens de
parler a été fort en régne depuis 611.
jusqu'à 1450. Ceux qui ont commencé à rétablir la Peinture en Allemagne (parce qu'ils n'avoient rien vû

K iij

de ces beaux reſtes de l'Antiquité)
ont beaucoup tenu de cette Barbarie :
entre autres Lucas de Leyde, homme fort laborieux, & qui avec ſes
éléves a infecté preſque toute l'Europe par ſes deſſeins de Tapiſſeries,
leſquelles ſont appellées par les ignorans, Tapiſſeries Antiques : (on leur
fait bien de l'honneur) & ſont eſti-
mées comme belles de la plûpart
du monde. Je vous avoue que je ſuis
ſurpris d'une ignorance ſi groſſiere ,
& que nos François ayant ſi mauvais
goût que de ſe faire des beautés
auſſi ſades & auſſi niaiſes que ſont
ces ſortes de Tapiſſeries. Albert Durer ce fameux Allemand, & contemporain de Lucas, a eu pareillement
le malheur de donner dans cette méchante maniere , pour avoir été pri-
vé de la vûe de ces belles choſes.
Voici ce qu'en dit Vazari dans la
Vie de Marc-Antoine, après l'avoir
loüé ſur ſa gravûre & ſur ſes autres
talens : *Et dans la verité ſi cet homme
ſi rare, ſi exact, & ſi univerſel avoit
eu la Toſcane pour patrie , comme il a
eu la Flandre, & qu'il eût pû étudier*

d'après les belles choses que l'on voit dans Rome, comme nous avons fait nous autres, il auroit été le meilleur Peintre de toute l'Italie ; de même qu'il a été le Génie le plus rare & le plus celebre qu'ayent jamais eu les Flamans.

45. (*Nous aimons ce que nous connoissons, &c.*) Cette période veut dire : Que quoi que nous soyons les mieux intentionnés du monde, que la naissance nous ait pourvûs* d'un beau Génie, & que nous en suivions la pente, ce n'est pas encore assez, il faut que nous apprenions avec soin à connoître quel est le beau & le parfait dans la nature, afin que nous le puissions imiter après l'avoir trouvé, & qu'en cela nous nous rendions capables de remarquer les fautes qu'elle fait pour les rejetter, & ne la copier pas en toutes sortes de sujets, telle qu'elle se représente sans discernement & sans choix.

50. (*Comme l'Arbitre souverain de son Art.*) Ce mot d'Arbitre souverain, présuppose un Peintre pleinement instruit de toutes les Parties

de la Peinture ; en sorte que s'étant
mis comme au - dessus de son Art, il
en soit le Maître & le Souverain, ce
qui n'est pas une petite affaire. Ceux
de la Profession ont si rarement cette
suprême capacité, qu'il s'en trouve
très - peu qui puissent être de bons
Juges des Ouvrages, & que je ferois
souvent plus d'état de l'avis d'un
homme de bon sens, qui n'auroit jamais manié le Pinceau, que de celui de la plûpart des Peintres. Tous
les Peintres peuvent donc être Arbitres de leur Art ; mais pour en être
souverains Arbitres, cela n'appartient
qu'aux sçavans Peintres.

§   52. (*Les beautés fuyantes & paffageres,*) ne sont autres, que celles
que nous remarquons dans la nature
pour très-peu de temps, & qui ne sont
pas fort attachées à leurs sujets ; telles sont les Passions de l'Ame. Il y
a de ces sortes de beautés qui ne du-
rent qu'un moment, comme les mi-
nes différentes que fera une assem-
blée à la vûe d'un spectacle impre-
vû & non commun ; quelque parti-
cularité d'une Passion violente, quel-

que action faite avec grace, un fou-
ris, une œillade, un mépris, une
gravité, & mille autres chofes fem-
blables. On peut encore mettre au
nombre des beautés paffageres, les
beaux nuages, tels qu'ils font ordinairement après la pluye ou après le
tonnerre.

54. (*De même que la feule prati-*
que, &c.) On voit dans Quintilien
que Pytagore difoit, que la Théorie
n'étoit rien fans la Pratique, & que
la Pratique n'étoit rien fans la
Théorie. *Et le moyen* (dit Pline le
Jeune) *de retenir ce qu'on vous a mon-*
tré, fi vous ne le mettez en pratique.
On n'appelleroit point Orateur un
homme qui auroit les plus belles pen-
fées du monde, & qui fçauroit toutes les regles de la Réthorique, s'il
ne s'étoit encore acquis par l'exercice, l'art de s'en fervir, & d'en com-
pofer d'excellens difcours. La Peinture eft un long pélerinage ; vous
avez beau faire tous les préparatifs
néceffaires pour votre voyage, vous
avez beau vous informer des paffa-
ges difficiles, fi vous ne vous mettez

en chemin , & que vous ne marchiez
à grands pas , vous n'y arriverez jamais : & comme il feroit ridicule de
vieillir dans l'étude de chaque Partie néceffaire à un Art qui embraffe
tant de chofes ; auffi de mettre la
main à l'œuvre fans les fçavoir , ou
bien après les avoir trop legerement
paffées, c'eft s'expofer à la rifée des
Connoiffeurs , & faire voir qu'on
n'eft guére fenfible à la gloire. Plufieurs difent qu'il n'y a qu'à travailler
pour devenir habile , & que la
Théorie ne fait qu'embaraffer l'efprit & retenir la main. Ces gens-là
font juftement comme les Efcureüils
qui tournent la roue qui leur fert de
cage ; ils courent bien vîte, ils fe
laffent fort, & n'avancent point du
tout. *Il ne fuffit pas pour bien faire
d'aller vîte, (* dit Quintilien *) mais
pour aller vîte ils fuffit de bien faire.*
C'eft une méchante excufe de dire,
je n'y ai été que très-peu du temps.
Cette belle facilité , ce feu célefte
qui donne l'efprit à l'Ouvrage , ne
vient pas tant d'avoir fouvent fait ,
que d'avoir bien entendu ce que l'on

a

a fait. Voyez ce que je dis sur le 51.
Précepte, qui est de la facilité. Il y
en a d'autres qui croyent les Precep-
tes & la Théorie absolument nécessaires : mais comme ils ont été mal
instruits, & que ce qu'ils sçavent les
broüille plutôt qu'il ne les éclaire,
ils s'arrêtent souvent tout court, &
s'ils font quelque Ouvrage, ce n'est
pas sans chagrin & sans peine : Et
dans la vérité, ils sont d'autant plus
dignes de compassion, qu'ils sont
bien intentionnés ; & s'ils n'avancent pas tant que d'autres, & qu'ils
demeurent quelquefois tout court,
je les trouve fondés en quelque sorte
de raison : car il est du bon sens de
n'aller pas si vîte, quand on se croit
égaré, ou que l'on doute du chemin
que l'on doit tenir. D'autres, au contraire, étant instruits des bonnes
maximes & des bonnes régles de
l'Art, après avoir fait de fort belles
choses, les gâtent ensuite à force de
vouloir mieux faire, & s'enivrent
tellement de leur Ouvrage à force
d'être dessus, qu'ils se laissent tromper par l'apparence du bien imagi-

L.

naire. *Apelle admirant un jour le pro-
digieux travail qu'il voyoit dans un
Tableau de Protogene, & connoissant
combien il avoit sué à le faire, dit que
Protogene & lui étoient bien d'égale
force, & qu'il lui cedoit même en
quelque partie ; mais qu'il le surpas-
soit, en ce que Protogene ne pouvoit se
tirer, de dessus son Ouvrage, & il disoit
comme par un Precepte, qu'il vouloit
que tous les Peintres imprimassent bien
avant dans leur mémoire, qu'à force
de chercher & de vouloir terminer les
choses, on se faisoit souvent un pre-
judice très-notable. Il y en a (dit
Quintilien) qui ne se satisfont jamais, & qui ne sont pas contens de
l'expression qui s'est rencontree la premiere ; ils veulent tout changer, en
sorte qu'on ne reconnoisse plus rien de
leur premiere Idée. On en voit d'autres (continue-t-il) qui ne peuvent se
croire eux-mêmes, ni se determiner,
& qui étant, pour ainsi dire, brouillés
avec leur Génie, s'imaginent que c'est
une loüable exactitude, que de former
des difficultés dans son Ouvrage ; &
en vérité c'est une chose assez difficile,*

de dire lesquels de ceux-là péchent plus
grievement, ou de ceux qui sont amou-
reux de tout ce qu'ils produisent, ou de
ceux à qui rien ne plaît. Car il est ar-
rivé à de jeunes hommes, souvent même à ceux qui avoient le plus d'esprit,
de le consommer & de le perdre dans
la peine qu'ils se sont donnés, & d'etre
tombés jusques dans l'assoupissement
par le trop grand desir de bien faire.
Voici comme on doit se comporter en
semblables rencontres. Il faut à la verité faire tout notre possible pour mettre les choses dans la derniere perfection: mais néanmoins que ce soit sé-
lon notre portée & selon notre Verve:
car pour s'avancer, il est bien vrai
qu'il faut du soin & de l'étude, mais
cette étude ne doit pas être mêlée d'o-
piniâtreté ni de chagrin: c'est pourquoi si le vent nous est favorable, il y
faut donner les voiles, & il arrivera
quelquefois que nous suivrons des mouvemens où la chaleur a plus de pouvoir
que le soin & l'exactitude, pourvû
que nous n'abusions pas de cette licen-
ce, & que nous ne nous y laissions pas
tromper; car toutes nos productions nous

plaisent au moment de leur naissance.

§ 61. (*Vû que les plus belles choses ne
se peuvent souvent exprimer faute de
termes.*) J'ai appris de la bouche de
Monsieur du Fresnoy, qu'il avoit
plusieurs fois oui dire au Guide
qu'on ne pouvoit donner de Precep-
tes des plus belles choses, & que les
connoissances en étoient si cachées,
qu'il n'y avoit point de maniére de
parler qui les pût découvrir. Cela
revient assez à ce que dit Quint. *Les
choses incroyables n'ont point de paroles pour être exprimées ; il y en a quelques-unes qui sont trop grandes & trop
relevées, pour pouvoir être comprises
dans le discours des hommes.* D'où
vient que les Connoisseurs , quand
ils admirent un beau Tableau, sem-
blent y être collés ; & quand ils en
viennent, vous diriez qu'ils ont perdu l'usage de la parole.

Pausiaca torpes insane Tabella , dit
Horace.

Et Symmachus dit, *Que la grandeur
de l'étonnement ne permet pas que l'on
donne des loüanges & des applaudis-
semens.* Les Italiens disent *Opera da*

stupide, pour dire qu'une chose est fort belle.

65. (*Les premiers Exemplaires de l'Art.*) Il entend les plus sçavans & les meilleurs Peintres de l'Antiquité, c'est à dire depuis deux siécles.

66. (*Cette fureur de Veine.*) Il y a dans le Latin, *qui ne produit que des monstres*, c'est-à-dire des choses hors de la vrai - semblance, comme il se voit assez souvent dans les Oeuvres de Pietre Teste. *Il arrive souvent (dit un Auteur grave) que quelques - uns s'imaginant être poussés d'une fureur divine, bien loin de se porter dans des fureurs de Bacchantes, tombent dans des badineries veritablement puériles.*

Dionysius·
Halic.
Longinus.

68. (*Un sujet beau & noble qui étant de soi-même capable, &c.*) La Peinture est non - seulement divertissante & agréable, mais elle contient encore une partie de tout ce qui s'est passé de plus beau dans l'Antiquité , nous remettant l'Histoire devant les yeux, comme si elle se passoit effectivement ; jusques - là même , qu'à la vûe des Tableaux où les belles actions sont représen-

tées , nous nous fentons portés à nous rendre capables d'entrepren-dre quelque chofe de femblable , de même que fi nous avions lû quel-que belle Hiftoire. La beauté du Sujet donne de l'amour & de l'admi-ration pour le Tableau , comme le beau Tableau fait entrer dans le Sujet qu'il repréfente , & l'imprime plus avant dans l'efprit & dans la mémoi-re. Ce font deux chaînons engagés l'un dans l'autre , qui contiennent & qui font contenus, & dont la matie-re doit être également précieufe.

§ 73. (*Qui foit plein de fel.*) *Ali-quid falis* , Quelque chofe d'inge-nieux , de fin , de piquant d'extra-ordinaire , d'un goût relevé & qui foit propre à inftruire & à éclairer les efprits. *Il faut que les Peintres faf-fent comme les Orateurs* (dit Ciceron) *qu'ils inftruifent , qu'ils divertiffent , & qu'ils touchent* : & c'eft propre-ment ce que veut dire ce mot de Sel.

§ 74. (*Où il faut difpofer toute la Machine de votre Tableau.*) Ce n'eft pas fans raifon ni par hazard que notre Auteur fe fervit ici du mot de

Machine. Une Machine eſt un juſte
aſſemblage de pluſieurs pieces pour
produire un même effet. Et la diſpoſition dans un Tableau n'eſt autre
choſe qu'un aſſemblage de pluſieurs
Parties , dont on doit prévoir l'accord & la juſteſſe, pour produire un
bel effet , comme vous verrez dans
le 4. Précepte , qui eſt de l'Oecono-
mie ; auſſi l'appelle-t-on autrement
Compoſition, qui veut dire la diſtribution & l'agencement des choſes en
général & en particulier.

75. (*Qui eſt juſtement ce que nous
appellons Invention.*) Notre Auteur établit trois Parties de la Peinture, l'Invention , le deſſein & la
Couleur , qu'il appelle autrement
Cromatique. Pluſieurs Auteurs qui
ont écrit de la Peinture , en multi-
plient les parties comme il leur plaît ;
mais ſans m'amuſer à vous en faire
ici la diſcution , je vous dirai qu'il
n'y en a point qui ne ſe rapporte aux
trois que je viens de nommer : c'eſt
pourquoi j'en eſtime la diviſion plus
juſte. Et comme ces trois Parties
ſont eſſentielles à la Peinture , nul ne

L iiij

ſe peut dire véritablement Peintre ; s'il ne les poſséde toutes à la fois ; de même qu'on ne peut pas donner le nom d'Homme à ce qui n'eſt pas compoſé d'un Corps, & d'une Ame raiſonnable, qui ſont les parties qui le compoſent néceſſairement. Comment donc ceux-là pourront-ils prétendre à la qualité de Peintre, qui ne ſont que copier, ou dérober les Ouvrages d'autrui, qui mettent en cela toute leur induſtrie, & qui veulent avec cela paſſer pour habiles ? Et ne dites pas que pluſieurs grands Peintres en ont uſé de la ſorte : car il ſeroit aiſé de vous répondre, qu'ils auroient beaucoup mieux fait de s'en abſtenir, que cet endroit n'augmente pas leur gloire, & ne fait pas le plus beau de leur vie. Diſons donc qu'il n'y a point de Peintre qui ne doive s'acquerir cette belle Partie, autrement c'eſt n'avoir point de cœur, & n'oſer ce ſemble paroître ; c'eſt ramper avec baſſeſſe, & mériter ce juſte reproche, *O Imitatores ſervum pecus.* Il eſt des Peintres à l'égard de leurs productions, comme

des Orateurs : les commencemens
coûtent toujours beaucoup : mais il
vaut mieux expofer fes Ouvrages à
la cenfure à quinze ans, que de rou-
gir à cinquante. Il faut donc que le
Peintre commence de bonne heure
à produire de lui - même, & qu'il
s'y accoûtume par l'exercice : car
tant qu'il craindra de tomber en s'é-
levant, il demeurera toujours par
terre. Voyez l'obfervation fuivante.

76. (*C'eft une Mufe qui étant pour-*
vûe des autres avantages de fes Sœurs,
&c.) L'on prend ordinairement les
Attributs des Mufes pour les Mufes
mêmes ; & c'eft dans ce fens-là que
l'invention eft appellée une Mufe.
Les Auteurs attribuent à chacune
des Mufes en particulier les Sciences qu'elles ont inventées, & en ge-
néral, les belles Lettres, parce qu'elles contiennent prefque toutes les
autres. Ces Sciences font les avantages dont parle notre Auteur, &
dont il voudroit qu'un Peintre fût
fuffifamment pourvû. Et dans la vérité il n'y en a pas un, pour peu qu'il
ait d'efprit, qui ne connoiffe & qui

ne sente lui - même combien les Lettres sont néceffaires pour échauffer le Génie, & pour le perfectionner. Et la raifon de cela eft, que ceux qui ont étudié, ont non feulement vû & appris quantité de belles chofes dans leurs études, mais qu'ils fe font encore acquis par l'exercice une grande facilité de profiter de la lecture des bons Auteurs. Ceux qui veulent faire profeffion de la Peinture, fe feront des trefors de leur lecture, & y trouveront de merveilleux moyens de s'élever infiniment au-deffus des autres qui ne font que ramper, ou s'ils s'élevent, ce n'eft que pour tomber de plus haut, puifqu'ils fe fervent des ailes d'autrui, dont ils ne fçavent pas l'ufage ni la force. Il eft vrai qu'aujourd'hui ce n'eft guére la mode qu'un Peintre foit fi fçavant ; & que fi l'on voyoit quelqu'un qui eût, ou des Lettres ou de l'efprit, fe porter à la Peinture ; la plûpart du monde ne manqueroit jamais de dire : que c'eft un grand dommage, & que ce jeune homme - là auroit fait quelque chose dans la Pratique, dans les Finances, ou dans quelque Maison de qualité, tant la destinée de la Peinture est misérable dans ces derniers siécles. Par les Lettres ce n'est pas tant les Langues Grecques & Latines que l'on entend, comme la lecture des bons Auteurs, & l'intelligence des choses qui y sont traitées : de sorte que la plûpart des bons Livres étant traduits, il n'y a pas un Peintre que ne puisse prétendre en quelque façon aux belles Lettres.

Les Livres, à mon avis, les plus utiles à ceux de la Profession, sont.

La Bible.

L'Histoire des Juifs de Josephe.

L'Histoire Romaine de Coefeteau, & celle de Tite-live, de la Traduction de Vigenere, avec des remarques qui sont très-curieuses & très-utiles. Il y en a deux Volumes.

Homére, que Pline appelle la source des Inventions & des belles Pensées.

L'Histoire Ecclésiastique de Godeau, ou l'Abregé de Baronius.

Les Métamorphoses d'Ovide traduites par du Rier.

Les Tableaux de Philostrate.

Plutarque, des hommes Illustres.

Pausanias. Cet Auteur, qui a été traduit en François, est merveilleux pour donner de belles Idées, & principalement pour les derrieres des Tableaux, & pour l'accompagnement des Figures. En le joignant avec Homere, il fait un mêlange des plus agréables, & des plus accomplis.

La Religion des Anciens Romains, par du Choul.

La Colonne Trajane, avec le Discours qui en explique les Figures, & qui instruit des choses que le Peintre doit indispensablement sçavoir. C'est un des principaux & des plus sçavans. Livres que nous ayons pour les modes, les coûtumes, les armes, & la Religion des Romains. Jules Romain a fait ses principales études sur le marbre même.

Les Livres de Médailles.

Les Bas-reliefs de Perrier, & autres, avec leur explication qui est au bas , & qui en donne toute l'intelligence.

L'Art Poétique d'Horace , à cause du rapport que les Préceptes de la Poësie ont avec ceux de la Peinture.

Et d'autres semblables , qui par leur lecture échauffent l'imagination.

Certains Romans sont encore bien capables d'entretenir le Génie , & de le fortifier par les belles Idées qu'ils donnent des choses : mais ils sont un peu dangereux , à cause que l'Histoire y est presque toujours corrompue.

Il y en a d'autres dont le Peintre se servira lors seulement qu'il en aura besoin dans les rencontres & dans les occasions particulieres ; tels sont.

La Mythologie des Dieux.

Les Images des Dieux.

L'Iconologie.

Les Fables d'Hyginius.

La Perspective-Pratique.

Et autres.

Il faut donc que ceux qui voudront se rendre célebres dans la Peinture, lisent par intervalle, & avec grand soin ces Livres, qu'ils en remarquent ce qu'ils trouveront à propos, & ce qu'ils croiront leur pouvoir servir, qu'ils s'exercent l'Imagination, & qu'ils fassent des esquisses & de legers crayons des Images que la lecture leur aura formées. *La Peinture est comme un feu qui s'entretient par la matiére, qui s'enflame par le mouvement,& qui s'augmente à mesure qu'il brûle : car la force du Génie ne croît que par l'abondance des choses , & il est impossible de faire un Ouvrage grand & magnifique , si la matiere manque, & si elle n'y est disposée.* Un Peintre donc qui a du Génie a beau rêver & prendre tous les soins imaginables pour faire une belle composition , s'il n'est aidé des études dont je viens de parler, tout ce qu'il pourra faire, sera de beaucoup fatiguer son Imagination, & de lui faire voir bien du païs, sans s'arrêter à rien qui le puisse satisfaire.

Tous les Livres que je viens de

nommer , peuvent servir à toutes
sortes de personnes, aussi bien qu'aux
Peintres ; & ceux qui leur étoient
particuliers ont été mal - heureusement consumés par les Siecles où
l'Impression n'étoit pas encore en
usage , & où les Copistes ont vrai-
semblablement négligé de les trans-
crire par ignorance , ne se sentant
pas capables d'en faire les Figures demonstratives. Cependant il paroît
dans les Auteurs que nous en perdons au moins cinquante Volumes.
Voyez Pline dans son 35. l. & Franc.
Junius dans le 3. ch. du 2. l. de la
Peinture des Anciens. Plusieurs Modernes en ont écrit avec assez peu de
succès , faisant de grands circuits
sans venir au but, & disant beaucoup de choses , pour ne rien dire.
Quelques - uns néanmoins s'en sont
acquittés assez heureusement , entre - autres Leonard de Vinci (quoi
que sans beaucoup d'ordre ;) Paul
Lomasse , dont le Livre est bon pour
la plus grande partie , mais dont le
discours est un peu trop diffus & trop
ennuyeux ; Jean Baptiste Armenini ,

Franciscus Junius, Monsieur de Chambray, dont je vous invite de lire au moins la Préface : il ne faut pas ici oublier ce que Monsieur Félibien a écrit sur le Tableau d'Alexandre de la main de Monsieur le Brun ; outre que cet écrit est fort éloquent, les sondemens qu'il établit pour faire un beau Tableau sont très-solides.

Voilà à peu près la Bibliotheque d'un Peintre, & les Livres qu'il doit lire ou se faire lire, à moins qu'il ne veüille se contenter de posséder la Peinture comme le plus sale de tous les Métiers, & non comme le plus noble de tous les Arts.

§. 78. (*Il est fort à propos en cherchant, &c.*) Voici le plus important Precepte de tous ceux de la Peinture. Il appartient proprement au Peintre seul, & tous les autres sont empruntés, des belles Lettres, de la Medecine, des Mathématiques, ou enfin des autres Arts : car il suffit d'avoir de l'esprit & des Lettres, pour faire une très-belle Invention : pour dessiner, il faut de l'Anatomie ; un Mathématicien mettra fort bien les

bâtimens

bâtimens & les autres choses en Perspective, & les autres Arts apporteront de leur côté ce qui est nécessaire pour la matiere d'un beau Tableau : mais pour l'œconomie du Tout-ensemble, il n'y a que le Peintre seul qui l'entende ; parce que la fin du Peintre est de tromper agréablément les yeux : ce qu'il ne fera jamais si cette Partie lui manque. Un Tableau peut faire un mauvais effet, lequel sera d'une sçavante Invention, d'un Dessein correct, & qui aura les Couleurs les plus belles & les plus fines : & au contraire, on en peut voir d'autres mal inventés, mal Dessinés, & peints de Couleurs les plus communes qui feront un très - bon effet, & qui tromperont beaucoup davantage. *Rien ne plaît tant à l'homme que l'Ordre.* (dit Xenophon,) Et Horace dans son Art :

> *Singula quæque locum teneam sortita decenter*

In Oeconomico.

Ce Précepte est proprément l'usage & l'application de tous les autres : c'est pourquoi il demande beaucoup de Jugement. Il faut donc tellement prévoir les choses , que votre Tableau soit peint dans votre tête avant que de l'être sur la toile. *Quand Menandre (dit un Auteur célébre) avoit disposé les Scenes de sa Comedie, il la tenoit faite , quoy qu'il n'en eût pas commencé le premier Vers.* Il est certain que ceux qui ont cette prévoyance , travaillent avec un plaisir & une facilité incroyable ; & que les autres au contraire , ne font que changer & rechanger leur Ouvrage , qui ne leur laisse au bout du compte que du chagrin. Il me semble que ces sortes de Tableaux sont parfaitement ressouvenir de ces vieux Châteaux Gothiques faits à plusieurs reprises , & qui ne tiennent ensemble que par de différens lambeaux.

On peut inferer de ce que je viens de dire, que l'Invention & la Disposition sont deux Parties différentes. En effet , quoique la derniere dépende de l'autre , & qu'elle y soit communément comprise , il faut cependant bien se garder de les confondre : l'Invention trouve simplement les choses , & en fait un choix convenable à l'Histoire que l'on traite ; & la difposition les diftribue chacune à fa place quand elles font inventées , & accommode les Figures & les Groupes en particulier, & le Tout-enfemble du Tableau en général ; en forte que cette œconomie produit le même effet pour les yeux, qu'un Concert du Mufique pour les oreilles.

Il y a une chofe de très - grande conféquence à obferver dans l'œconomie de tout l'Ouvrage , c'eft que d'abord l'on reconnoiffe la qualité du Sujet , & que le Tableau du premier coup d'œil en infpire la Paffion principale : par exemple, fi le Sujet que vous avez entrepris de traiter , eft de joye , il faut que tout ce qui entrera dans votre Tableau contribue à cette Paffion , en forte que ceux qui le verront en foient auffi-tôt touchés. Si c'eft un Sujet lugubre , tout y reffentira la trifteffe : & ainfi des autres Paffions & qualités des Sujets.

81. (*Que vos compofitions foient conformes au , &c.*) Il faut prendre

garde que les licences des Peintres soient plutôt pour orner l'Histoire

que pour la corrompre. *Et si Horace permet aux Peintres & aux Poëtes de tout oser, ce n'est pas pour faire des choses hors de la vrai-semblance : car il ajoûte aussi-tôt : Mais que cela n'aille pas jusqu'à mêler la douceur avec la rudesse, l'humanité avec la rigueur, à faire produire des serpens aux oyseaux, & à mêler les agneaux parmi les tigres.* Les pensées d'un homme qui a l'esprit sain ne sentent pas les rêveries & les songes, il n'y a que les malades capables d'en faire. Traitez donc les Sujets de vos Tableaux avec toute la fidélité possible, & vous servez hardiment de vos licences, pourvû qu'elles soient ingenieuses, & non pas immoderées & extravagantes.

§ 83. (*Donnez-vous de garde que ce qui ne fait rien au Sujet, &c.*) Rien n'affadit tant la composition d'un Tableau que les Figures qui ne font rien au Sujet : on les peut appeller fort plaisamment les Figures à loüer.

§ 85. (*Cette Partie si rare, &c.*).

C'est à dire, l'Invention.

89. (*Que déroba Prométhée.*) Les Poëtes feignent que Prométhée forma avec de la bouë une Statue si belle, que Minerve l'ayant un jour longtemps admirée, dit à l'Ouvrier, que s'il croyoit qu'il y eût quelque chose dans les Cieux qui pût rendre sa Statue plus parfaite, il pouvoit le demander : mais lui ne sçachant ce qu'il y avoit de plus beau dans ce Séjour des Dieux, demanda à y être transporté, pour en faire le choix. La Déesse l'y enleva dans son Bouclier ; & si tôt qu'il eut vû, que toutes les choses célestes étoient animées par un Feu, il en déroba une parcelle qu'il apporta en terre, & l'appliquant sur l'estomac de sa Statue, il en rendit tout le corps animé.

92. (*Il n'est pas permis à tout le monde d'aller à Corinthe.*) C'est un ancien Proverbe, pour dire, tout le monde n'a pas le Génie, ni la disposition qu'il faut pour les Sciences, ni la capacité pour les choses grandes & difficiles. Corinthe étoit autrefois le centre de toutes les Discipli-

nes , & le lieu où l'on envoyoit tous ceux que l'on vouloit rendre capables de quelque chofe : Ciceron l'appelle. *La Lumiere de toute la Grece.*

§ 95. (*Elle arriva à tel point de perfection.*) Ce fut au temps d'Alexandre le Grand, & cela dura jufqu'à Augufte, fous le Regne duquel la Peinture commença beaucoup à décheoir : Mais fous les Empereurs Domitien, Nerva, & Trajan, elle parut dans fon premier luftre, lequel dura jufqu'au temps de l'Empereur Phocas, où les vices l'emportant par deffus les Arts , & la guerre s'étant allumée par toute l'Europe, & principalement dans la Lombardie par l'irruption. des Huns , la Peinture fut entierement éteinte. Et fi quelqu'un dans les Siécles fuivans s'eft efforcé de la faire revivre , ç'a été plutôt en recherchant les Couleurs les plus brillantes & les plus précieufes, que par la fimplicité harmonieufe de ces Illuftres Peintres qui les avoient précedés. Enfin dans le quatorziéme Siécle il s'en trouva. qui commencerent à la remettre fur pied, & on peut dire que sur la fin du quinziéme & au commencement du seiziéme elle parut avec beaucoup d'éclat, par un grand nombre d'habiles gens de tous les endroits d'Italie, qui la possedoient parfaitement. Depuis ce Siécle si heureux & si fécond pour les beaux Arts, nous avons encore eû des Peintres sçavans, mais en très-petit nombre, à cause du peu d'inclination que les Souverains ont eû pour la Peinture : Mais grace au zele de notre grand Monarque, & aux soins de son Premier Ministre, nous l'allons voir plus florissante que jamais.

102. (*Quoi qu'on ne s'en soit pas si fort éloigné.*) Il entend parler de Michel Ange, & des autres habiles Sculpteurs de ce temps-là.

103. (*C'est donc dans leur goût, qu'on choisira une Attitude.*) Voici la seconde Partie de la Peinture, qu'on appelle le Dessein. Comme les Anciens ont recherché autant qu'il se peut, tout ce qui contribuë à former un beau Corps, aussi ont-ils diligemment examiné ce qui fait à la

beauté des belles Attitudes, comme
leurs Ouvrages nous le témoignent.

§ 104. (*Dont les Membres soient
grands.*) Non pas en sorte qu'ils
excedent la juste proportion : mais c'est
à dire, que dans une belle Attitude
les Membres du Corps les plus
grands doivent plutôt paroître que
les petits ; c'est pourquoi dans un autre
endroit il veut que l'on évite autant
que l'on pourra les Racourcis, parce
qu'ils font paroître les Membres petits, quoique d'eux-mêmes ils soient
grands.

§ 104. (*Amples,*) pour éviter la
maniére seche & maigre, comme est
ordinairement le naturel, & comme
l'ont imité Lucas & Albert.

§ 105. (*Inegaux dans leur Position,
en sorte que ceux de devant contrastent
les autres qui vont en arriere, & soient
tous egalement balancés sur leur centre.*) Les mouvemens ne font jamais
naturels, si les Membres ne font également balancés sur leur centre ; &
ces Membres ne peuvent être balancés sur leur centre dans une éga-
lité de poids, qu'ils ne se contrastent

les

les uns les autres. Un homme qui
danse sur la corde, fait voir fort clai-
rement cette vérité. Le Corps est un
poids balancé sur ses pieds, comme
sur deux pivots; & s'il n'y en a qu'un
qui porte, comme il arrive le plus
souvent, vous voyez que tout le
poids est retiré dessus centralement,
en sorte que si, par exemple, le bras
avance, il faut de nécessité, ou que
l'autre bras, ou que la jambe aille en
arriere, ou que le Corps soit tant soit
peu courbé du côté contraire, pour
être dans son équilibre & dans une
situation hors de contrainte. Il se
peut faire, mais rarement, si ce n'est
dans les Vieillards, que les deux pieds
portent également, & pour lors il n'y
a qu'à distribuer la moitié du poids
sur chaque pied. Vous userez de la
même prudence, si l'un des pieds
portoit les trois quarts du fardeau,
& que l'autre portât le reste. Voilà ce
qu'on peut dire en général de la Ba-
lance & de la Ponderation du Corps:
au reste, il y a quantité de choses
très-belles & très-remarquables à
dire sur ce sujet; & vous pourrez

N

vous en satisfaire dans Léonard de Vinci ; il a fait merveille là-dessus, & l'on peut dire que la Ponderation est la plus belle & la plus saine partie de son Livre sur la Peinture. Elle commence au CLXXXI. Chapitre, & finit au CCLXXIII. Je vous conseille de voir encore Paul Lomasse dans son 6. l. chap. IV. *Del moto del Corpo humano*, vous y trouverez des choses très-utiles. Pour ce qui est du Contraste, je vous dirai en général, que rien ne donne davantage la grace & la vie aux Figures. Voyez le XIII. Précepte, & ce que je dis dessus dans les remarques.

§ 107. [*Les Parties doivent avoir leurs Contours en Ondes, & ressembler en cela à la flàme ou au serpent.*] La raison de cela vient de l'action des muscles, qui font comme les seaux du puits, quand il y en a un qui agit & qui tire, il faut que l'autre obéisse, de sorte que les muscles qui agissent, se retirant toujours vers leur principe, & ceux qui obéissent s'allongeant du côté de leur insertion, il s'ensuivra nécessairement que les

Parties feront deffinées en ondes.
Mais prenez garde qu'en donnant
cette forme aux Membres, vous ne
brifiez les os qui les foûtiennent &
qui les doivent faire paroître toujours fermes. Cette Maxime n'eft pas
fi générale, qu'il ne fe trouve des
actions où les Maffes des mufcles fe
rencontrent vis-à-vis l'une de l'autre,
mais cela n'eft pas fi ordinaire. Les
Contours qui font en ondes donnent
non-feulement de la grace aux Parties, mais auffi à tout le Corps,
lorfqu'il n'eft foûtenu que fur une
jambe, comme nous le voyons dans
les Figures d'Antinoüs, de Melea-
gre, de la Venus de Medicis, de celle du Vatican, & de deux autres de
Borghefe, de la Flore, de la Déeffe
Vefta, des deux Bacchus de Borghefe, & de celui de Lodovife, &
enfin de la plus grande partie des
Figures Antiques qui font de bout,
& qui pofent davantage fur un pied
que fur l'autre. Outre que les Figures & leurs Membres doivent prefque toujours avoir naturellement une
forme flamboyante & ferpentine, ces

fortes de Contours ont un je ne sçai quoi de vif & de remuant, qui tient beaucoup de l'activité du feu & du serpent.

112. (*Selon la connoissance qu'en donne l'Anatomie.* Cette Partie n'est guéres connue aujourd'hui parmi nos Peintres ; j'en ai fait voir l'utilité & la nécessité dans la Préface d'un petit Abregé que j'en ai fait, & que Monsieur Tortebat a mis en lumiere. Je sçai qu'il y en a qui se font un monstre de cette Science, & qui la croyent inutile, ou parce qu'ils ont l'esprit fort petit, ou parce qu'ils n'ont jamais fait de reflexion sur le besoin qu'ils en ont, & sur son importance, se contentant d'une routine à laquelle ils sont accoûtumés : mais de quelque maniere que ce soit, il est certain que quiconque est capable d'avoir cette pensée, ne sera jamais capable d'être un grand Dessinateur.

113. (*Dessinés à la Grecque.*) C'est à-dire, selon les Statues Antiques, qui pour la plûpart viennent de la Grece.

114. (*Accord des Parties avec leur Tout.*) & être bien ensemble, c'est la même chose. Il entend ici parler de la justesse des Proportions & de l'harmonie qu'elles font les unes avec les autres. Plusieurs Auteurs celebres en ont traité à fonds, entr'autres Paul Lomasse, dont le premier Livre ne parle d'aucune autre chose, mais il y a tant de subdivisions, qu'il faut avoir bonne tête pour ne s'en pas rebuter. Voici celles que notre Auteur a remarquées en général sur les plus belles Antiques : je les crois d'autant meilleures, qu'elles sont conformes à celles que donne Vitruve dans son 3. liv. chap. 1. & qu'il dit avoir apprises des Ouvriers mêmes, puisque dans la Préface de son 7 liv. il fait gloire d'avoir appris des autres, & notamment des Peintres & des Architectes.

Mesures du Corps Humain.

Les Anciens ont pour l'ordinaire donné huit têtes à leurs Figures, quoique quelques-unes n'en ayent que sept. Mais l'on divise la Figure ordinairement en *a* dix faces, sçavoir depuis le sommet de la Tête jusqu'à la plante des Pieds, en la maniere qui suit.

Depuis le sommet de la Tête jusqu'au front, est la troisiéme partie de la face.

La face commence à la naissance des plus bas cheveux qui sont sur le front, & finit au bas du menton.

La face se divise en trois parties égales : la premiere contient le front : la seconde le nés, & la troisiéme la Bouche & le menton.

Depuis le menton à la fossette d'entre les clavicules, deux longueurs de nés.

De la fossette d'entre les clavicules aux bas des mammelles, une face.

b Du bas des mammelles au nombril, une face.

c Du nombril aux génitoires, une face.

Des génitoires au dessus du genoüil, deux faces.

Le genoüil contient une demi-face.

Du bas du genoüil au coude-pied, deux faces.

Du coude-pied au deſſous de la plante, demi-face.

L'homme étendant les bras, eſt, du plus long doigt de la main droite à celui de la main gauche, auſſi large qu'il eſt long.

D'un côté des mammelles à l'autre, deux faces.

L'os du bras, dit *Humerus*, eſt long des deux faces depuis l'épaule juſqu'au bout du coude.

De l'extrêmité du coude à la premiere naiſſance du petit doigt, l'os appellé *Cubitus*, avec partie de la main, contient deux faces.

De l'emboëture de l'Omoplate à la foſſette d'entre les clavicules, une face.

Si vous voulez trouver votre compte aux meſures de la largeur, depuis l'extrêmité d'un doigt à l'autre, en ſorte que cette largeur ſoit égale à la longueur du Corps, il faut remarquer que les emboëtures du coude avec l'Humerus, & de l'Humerus avec l'Omoplate, emportent une

N iiij

demi-face lorſque les bras ſont éten-
dus.

Le deſſous du pied eſt la ſixiéme
partie de la Figure.

La main eſt de la longueur d'une
face.

Le pouce contient un nés.

Le dedans du bras, depuis l'endroit
où ſe perd le muſcle qui fait la mam-
melle, appellé Pectoral, juſqu'au milieu du bras, quatre nés.

Depuis le milieu du bras juſqu'à la
naiſſance de la main, cinq nés.

Le plus long doigt du pied a un nés
de long.

Les deux bouts des tetins & la foſſette d'entre les clavicules de la femme, font un triangle parfait.

Pour les largeurs des Membres, on
ne peut pas en donner de meſures
bien préciſes, parce qu'on les change ſelon la qualité des perſonnes, &
ſelon le mouvement des muſcles.

Si vous voulez ſçavoir plus en détail les Proportions, voyez - les dans
Paul Lomaſſe, il eſt bon de les lire
au moins une fois, & d'en faire des
remarques chacun ſelon ſa mode &
ſon beſoin.

117. (*Quoi que la Perspective ne puisse pas être appellée une regle certaine, &c.*) Ce n'est pas pour rejetter la Perspective qu'il parle ainsi, puis qu'il la conseille dans ses Vers, comme une chose absolument nécessaire. Néantmoins j'avouë que cet endroit n'est pas fort clair, & qu'il n'a pas tenu à moi que notre Auteur ne l'ait rendu plus intelligible : mais il étoit tellement échauffé contre quelques-uns, qui ne sçavent de toute la Peinture que la Perspective dans laquelle ils font tout consister, qu'il n'en voulut jamais démordre, quoi que je lui eusse fait connoître que tout ce que disoient ces bonnes gens-là, étoit toujours sans conséquence. Voici donc de quelle maniere il faut l'entendre, quand il dit, que *la Perspective n'est pas une regle certaine.* C'est-à-dire purement d'elle-même, sans la prudence & sans la discrétion. La plûpart de ceux qui la sçavent, voulant la pratiquer trop reguliérement, font bien souvent des choses qui choquent la vûe, quoiqu'elles

foient dans les regles. Si tous ces grands Peintres, qui nous ont laiffé de fi beaux Plafonds, l'avoient obfervée dans leurs Figures felon toute la rigueur, ils n'y auroient pas tout-à-fait trouvé leur compte ; ils auroient fi vous voulez fait les chofes plus régulieres, mais fort defagréables. Il y a grande apparence que les Architectes & les Sculpteurs du temps paffé ne s'en font pas toujours bien trouvés, & qu'ils n'ont pas fuivi le Géometral auffi exactement que la Perfpective l'ordonne : car celui qui voudroit imiter le Frontifpice de la Rotonde felon la Perfpective, fe tromperoit lourdement, puifque les colomnes qui font aux extremités, ont plus de diametre que celles du milieu. La Corniche du Palais Farnefe, qui fait un bel effet d'en bas, de près n'a point fes juftes mefures. Dans la Colomne Trajane nous voyons que les Figures les plus élevées font plus grandes que celles d'en bas, & font un effet tout contraire à la Perfpective, puifqu'elles augmentent à mefure qu'elles s'éloi-

gnent. Je fçai qu'il y a une regle ,
qui donne le moyen de les faire de la
forte ; mais quoi qu'elle foit dans quelques Livres de Perfpective, ce n'eſt pas
pour cela une regle de Perfpective ;
puiſqu'on ne s'en ſert que lors ſeulement qu'on le juge à propos : car ſi
par exemple les Figures qui ſont au
haut de la Colomne Trajane, n'é-
toient que de la même grandeur de
celles qui ſont au bas, elles ne ſe-
roient pas pour cela contre la Perſpective ; & ainſi l'on peut dire avec
plus de raiſon, que c'eſt une regle
de bienſeance dans la Peſpective ,
pour ſoulager la vûe, & pour lui
rendre les objets plus agréables.
C'eſt ſur ce fondement général que
dans la Perfpective on peut , pour
ainſi dire, établir des regles de bien-
ſéance , quand l'occaſion s'en pré-
ſente. On en voit encore un exemple dans la Baſe de l'Hercule de
Farneſe , laquelle n'eſt point à ni-
veau, mais en pente douce ſur le devant, pour ne point cacher aux yeux
les pieds de la Figure, afin qu'elle en
paroiſſe plus agréable. Ce que les

Illuſtres Auteurs de ces belles choſes ont fait, non pas en mépris de la Géométrie & de la Perſpective, mais pour la ſatisfaction des yeux, qui eſt la fin qu'ils ſe font toujours propoſées dans leurs Ouvrages. Il faut donc ſçavoir la Perſpective, comme une choſe abſolument néceſſaire, & dont un Peintre ne peut ſe diſpenſer, ſans pourtant s'aſſujettir ſi fort à elle, que l'on en devienne eſclave : il la faut ſuivre quand elle nous conduit par un chemin plaiſant & qu'elle nous fait voir des choſes agréables ; mais il la faut abandonner pour quelque temps, ſi elle s'aviſoit de nous mener par des bouës & par des précipices. *Cherchez ce qui aide votre Art & qui lui convient ; fuyez tout ce qui lui repugne,* comme vous dit le LIX. Précepte.

§ 126. (*Que chaque Membre, &c.*) C'eſt à dire, qu'il ne faut pas mettre la tête d'un Jeune-homme ſur le corps d'un Vieillard, ni une main blanche ſur un corps hâlé ; qu'il ne faut point habiller un Hercule de taffetas, ni un Apollon de groſſe étofse , que les Reines , les personnes de grande qualité que vous voulez rendre majestueuses , ne soient pas vêtuës trop à la legére , non plus que les vieilles gens , & que les Nymphes ne soient pas chargées de Draperies ; enfin que tout ce qui accompagnera vos Figures , les fasse reconnoître pour ce qu'elles sont effectivement.

128. (*Que les Figures à qui on n'a pû donner la voix , imitent les muets dans leurs actions.*) Les muets n'ayant pas d'autre maniere de parler que par leurs gestes & leurs actions , il est certain qu'ils les font d'une façon plus expressive que ceux qui ont l'usage de la parole. La Peinture qui est muette les imitera donc , pour se bien faire entendre.

129. (*Que la premiere Figure du Sujet , &c.*) L'un des plus grands vices que puisse avoir un Tableau , c'est de ne pas donner à connoître de prime - abord le Sujet qui represente : & dans la verité rien n'embroüille davantage , que d'en éteindre la Figure principale , par l'opposition

de quelques autres, qui se presen-
tent d'abord à la vûe, & qui bril-
lent beaucoup plus. Un Orateur qui
auroit entrepris de faire un discours
sur les loüanges d'Alexandre, &
qui employeroit les plus belles
Figures de la Rhétorique pour loüer
Bucephale, ne feroit rien moins que
ce qu'il se feroit proposé, puisqu'on
croiroit par - là qu'il auroit plutôt
voulu faire le panégyrique du cheval
d'Alexandre, que celui d'Alexandre
même. Un Peintre est comme un
Orateur, il faut qu'il dispose les choses en sorte que tout céde à son
principal Sujet : & si les autres Figures qui ne font que l'accompagner
& qui n'y font qu'accessoires, occu-
pent la principale place, & qu'elles
se faffent le plus remarquer, ou par
la beauté de leurs Couleurs, ou par
l'éclat de la Lumiere dont elles font
frappées, elles arrêteront tout court
la vûe, & ne lui permettront pas
d'aller plus loin, qu'après beaucoup
de temps, pour chercher enfin ce
qu'elle n'a pas trouvé d'abord. La
Figure principale dans un Tableau,

est comme un Roi parmi ses Courtisans, que l'on doit reconnoître au
premier coup d'œil, & qui doit ter-
nir l'éclat de tous ceux qui l'accompagnent. Les Peintres qui en usent
autrement, qui la mettent dans l'ombre, & qui l'enfoncent trop avant
dans le Tableau, sont justement comme ceux qui en racontant une Histoire, s'engagent imprudemment dans
une digression si longue, qu'ils sont
contraints de finir par-là, & de conclure par tout autre chose que par leur
Sujet.

132. (*Que les Membres soient* ¶
agroupés de même que les Figures,
c'est-à-dire, &c.) Je ne sçaurois vous
mieux comparer un Groupe de Figures, qu'à un Concert de Voix, lesquelles toutes ensemble se soûtenant
par leurs differentes Parties, font un
Accord qui remplit & qui flatte
agréablement l'oreille : mais si vous
venez à les separer, & qu'elles se
fassent entendre aussi haut l'une que
l'autre, elles vous étourdiront tellement, que vous croirez avoir les
oreilles déchirées. Il en est de même

des Figures : fi vous les aſſemblez en
forte que les unes foûtiennent & fervent à faire paroître les autres, &
que toutes enſemble s'accordent &
ne faſſent qu'un Tout, vos yeux feront pleinement fatisfaits ; que ſi au
contraire vous les ſeparez, vos yeux
fouffriront pour les voir toutes en-
fembles diſperſées, ou chacune en
particulier ; toutes enſembles, parce
que les rayons viſuels font multipliés
par la multiplicité des Objets ; chacune en particulier, parce que ſi vous
en voulez regarder une, toutes celles
qui font autour frapperont & atti-
reront votre vûe, qui fatigue extre-
mement dans cette forte de ſéparation
& de diverſité d'Objets. L'œil, par
exemple, eſt fatisfait à la vûe d'un
raiſin, & il ſe trouve fort embarraſſé,
s'il ſe veut porter tout d'un coup fur
tous les grains enſemble, qui en feront détachés fur une table. Il faut
avoir le même égard pour les Membres : ils ſe groupent & ſe con-
traſtent comme les Figures. Peu
de Peintres ont bien pris garde à ce
Précepte, qui eſt un fondement très-

folide

solide pour l'harmonie du Tableau.

137. (*Il ne faut pas que dans les Greuppes, les Figures se ressemblent dans leurs mouvemens, &c.*) Prenez garde dans ce contraste de ne rien faire d'extravagant, & que vos Attitudes soient toujours naturelles. Les Draperies, & tout ce qui accompagne les Figures, peuvent entrer dans le contraste avec les Membres, & avec les Figures même. Et c'est ce qu'entend le Poëte par (*cætera frangant.*)

145. (*Que l'un des côtés du Tableau, &c.*) Cette espece de Symetrie, quand elle ne paroît point affectée, remplit agréablement le Tableau, le tient comme dans l'équilibre, & plaît infiniment aux yeux, qui en embrassent l'ouvrage avec plus de repos.

152. (*De même que la Comedie, &c.*) Annibal Carache ne croyoit pas qu'un Tableau pût être bien, dans lequel on faisoit entrer plus de douze Figures: c'est l'Albane qui l'a dit à notre Auteur de qui je l'ai appris; & la raison qu'il en apportoit,

étoit premierement qu'il ne croyoit pas qu'on dût faire plus de trois grands Groupes de Figures dans un Tableau ; & secondement que le Silence & la Majesté y étoient nécessaires pour le rendre beau : ce qui ne se peut ni l'un ni l'autre dans une multitude & dans une foule de Figures. Que si néanmoins vous y êtes contraint par le Sujet, comme seroit un Jugement universel, un massacre des Innocens, une Bataille, &c. Pour lors il faudroit disposer les choses par grandes Masses de Clair-Obscur & d'union de Couleurs, sans s'amuser à finir chaque chose en particulier independamment l'une de l'autre, comme font ceux qui ont un petit Génie, & dont l'esprit n'est pas capable d'embrasser un grand Dessein, ni une grande Composition.

Æmilium circa ludum Faber imus
　& ungues
Exprimet, & molles imitabitur ære
　capillos :
Infelix Operis Summa, quia pone-
　re totum
Nesciet.

L'un des moindres Sculpteurs (dit Ho- Dans son
race) qui travaillent autour du Cirque Art.
Emilien , est capable d'exprimer dans
le Bronze les ongles & les cheveux :
lequel neanmoins ne sera pas assez
heureux pour bien terminer son Ouvrage ; parce qu'il n'a pas l'esprit d'en
bien disposer les parties , ni d'en faire
un beau tout.

162. (Que les extremités des Jointures soient rarement cachées , & les
Pieds jamais.) Ces extremités des
Jointures sont les emmanchemens
des Membres ; par exemple , les E-
paules , les Coudes , les Fesses , & les
Genoüils. Et s'il se rencontre une
Draperie sur ces Jointures , il est de
la Science & de l'agrément de les
marquer par les Plis , mais avec grande discrétion. Pour ce qui est des
Pieds , quoi qu'ils soient cachés par
quelque Draperie , si néanmoins les
Plis les marquent & en font voir la
forme , ils seront sensés être vûs.
Le mot de *Jamais* ne doit pas être pris
ici rigoureusement: il veut dire, si rarement, qu'il semble qu'on doive éviter
toutes les occasions qui en dispensent.

§ 164. (*Les Figures qui sont derriere les autres, &c.*) Raphaël & Jules R. ont parfaitement observé cette Maxime, & spécialement Raphaël dans ses derniers Ouvrages.

§ 169. (*Fuyez encore les Lignes & les Contours égaux, qui font des Paralleles, ou d'autres Figures aigues & Geometrales, comme des, &c.*) Il entend parler principalement des Attitudes & des Membres agencés de sorte qu'ils fassent ensemble les Figures Géometrales qu'il condamne.

§ 177. (*Ne soyez pas si fort attaché à la Nature, que, &c.*) Ce Précepte est contre deux sortes de Peintres. Premierement contre ceux qui sont tellement attachés à la Nature, qu'ils ne peuvent rien faire sans elle, qui la copient comme ils la croyent voir, sans y rien ajouter ni en retrancher la moindre chose, soit pour le Nud, ou pour les Draperies. Secondement il est contre ceux qui peignent toutes choses de Pratique, sans pouvoir s'assujettir à rien retoucher ni examiner sur le Naturel. Ces derniers font proprement des Libertins de

Peinture , comme il y en a de Religion, lesquels n'ont point d'autre Loi
que l'impétuosité de leurs inclinations, qu'ils ne veulent pas vaincre ,
de même que les Libertins de Peinture n'ont point d'autre Modele , que
la boutade d'un Génie mal reglé ,
qui les emporte. Quoique ces deux
fortes de Peintres foient & l'un &
l'autre dans des extremités vicieufes ,
toutefois les premiers me femblent
moins infupportables , parceque s'ils
n'imitent pas la Nature accompagnée
de toutes fes beautés & de toutes
fes graces , au moins imitent-ils une
Nature qui nous eft connuë , & que
nous voyons tous les jours : au lieu
que les autres nous en font voir une
toute fauvage , que nous ne connoif-
fons point , & qui femble être d'une
création toute nouvelle.

180. (*Que vous devez toujours* §
avoir prefente comme un témoin de la
verité.) Cet endroit me femble mer-
veilleufement bien dit. Plus un Tableau approche de la vérité , & plus
il eft beau : & bien que le Peintre
qui en eft l'Auteur foit le premier

Juge de cette Beauté, il eſt néanmoins obligé de ne rien prononcer, qu'après avoir écouté la Nature, qui eſt un témoin irreprochable, & qui lui dira ingenûment, mais véritablement les beautés & les deffauts de ſon Ouvrage quand il voudra le comparer avec elle.

§ 188. (*Et tout ce qui fait connoître les Penſées & les Inventions des Grecs ;*) comme les bons Livres, tels que ſont Homere & Pauſanias. Les Eſtampes que nous voyons des choſes Antiques peuvent contribuer infiniment à nous former le Génie & à nous donner de belles Idées, de même que les Ecrits des bons Auteurs, ſont capables de former un bon ſtyle à ceux qui veulent bien écrire.

§ 193. (*Si vous n'avez qu'une Figure à traiter, il faut, &c.*) La raiſon de ceci eſt, que rien n'attirant la vûë que cette ſeule Figure, les rayons viſuels ne ſeront pas trop partagés par la diverſité de ſes Couleurs & de ſes Draperies ; mais prenez ſeulement garde de n'y rien mettre de trop acre & de trop dur, & souvenez-vous du quarante-uniéme Precepte, qui dit, *Que jamais deux extremités contraires ne se touchent, soit en Couleur, soit en Lumiere ; mais qu'il y ait un milieu participant de l'une & de l'autre.*

195. (*Que les Draperies soient jettées noblement, & que les Plis en soient amples ;*) comme l'a pratiqué Raphaël depuis qu'il eut quitté la maniere de Pietre Perugin, & principalement dans ses derniers Ouvrages.

196. (*Et qu'ils suivent l'ordre des Parties,*) comme nous le montrent les plus belles Antiques : & prenez garde que les Plis non seulement suivent l'ordre des Parties, mais qu'ils marquent encore les Muscles les plus considerables : parce que les Figures, dont on voit les Draperies & le Nud tout ensemble, ont bien plus de grace que les autres.

200. (*Sans y être trop adherans & collés.*) Les Peintres ne doivent pas imiter les Antiques dans cette circonstance. Les Anciens Sculp-

teurs ont fait leurs Draperies de linge moüillé, exprés pour les rendre
collées & adherantes aux Parties de
leurs Figures ; en quoi ils ont eu très-
grande raison, & en quoi les Peintres auroient tort de les fuivre ; &
voici pourquoi : ces Grands Génies
de l'Antiquité voyant qu'il étoit impoffible d'imiter avec le Marbre la
qualité des Etoffes qui ne fe reconnoît que par les Couleurs, les Reflets, mais plus encore par les Lumieres & les Ombres ; fe voyant, dis-
je, hors de pouvoir de difpofer de
ces chofes, ont crû qu'ils ne pouvoient
faire ni mieux ni plus fagement,
que de fe fervir de Draperies, qui
n'empêchaffent point de voir au travers de leurs Plis, la délicateffe de la
chair & la pureté des Contours,
chofes à la vérité qu'ils poffe-
doient dans la derniere perfection,
& qui apparement avoient été le
fujet de leur principale étude. Mais
les Peintres au contraire, qui doivent tromper la vûe tout autrement
que les Sculpteurs, font obligés d'i-
miter les Etoffes differentes, telles

que

que le naturel leur montre , & que
les Couleurs , les Reflets , les Lumieres , & les Ombres) dont ils
font Maîtres) les peuvent faire.
Auffi voyons-nous que ceux qui ont
imité de plus près la nature , fe font
fervis des Etoffes que nous avons
accoûtumé de voir , & les ont imi-
tées avec tant d'art , qu'en les
voyant , nous fommes ravis qu'elles
nous trompent : tels ont été le Titien, Paul Veronefe , le Tintoret ;
Rubens , Vandeik , & les autres
bons Coloriftes , qui ont de plus près
approché de la vérité : au lieu que
les autres qui fe font entierement
attachés à l'Antique pour les Draperies , ont rendu leurs Ouvrages
crus & arides , & ont trouvé par ce
moyen le fecret de faire leurs Figures beaucoup plus dures que le Marbre même ; comme ont fait André
Manteigne & Pietre Perugin, duquel Raphaël a beaucoup tenu dans
fes premiers Ouvrages ; dans lefquels nous voyons quantité de petits
plis repétés , qui femblent être autant de cordes. Il eft vrai que l'on

voit ces répetitions dans les Antiques , mais fort à propos ; parceque voulant se servir de linges moüil-
lés & de Draperies collées , pour
faire paroître leurs Figures plus
tendres , ils ont fort bien prévû que
les membres seroient trop nuds ; s'ils
n'y laissoient que deux ou trois Plis
peu sensibles , tels que les donnent
ces sortes de Draperies ; & ainsi ils
ont usé de repétition , en sorte néanmoins que les Figures en sont toujours tendres & doüillettes , & sem-
blent contrarier par-là la dureté du
Marbre. Joignez à cela , qu'en
Sculpture il est presque impossible
qu'une Figure vêtuë de grosses Draperies puisse faire un effet de tous
côtés , & qu'en Peinture les Draperies , de quelque nature qu'elles
soient , sont d'une utilité merveilleuse , ou pour lier les couleurs &
les Groupes , ou pour se donner un
fond tel qu'on le souhaite pour unir
ou pour détacher , soit encore pour
faire naître des Reflets avantageux ,
ou pour remplir les vuides ; soit enfin pour mille autres utilités , qui

aident à tromper la vûe, & qui ne font aucunement néceffaires aux Sculpteurs, puifque leurs Ouvrages eft toujours de relief.

L'on peut inferer trois chofes de ce que je viens de dire fur le précepte des Draperies. Premierement, que les Anciens Sculpteurs ont eu raifon de draper leurs Figures de la maniere que nous les voyons. 2. Que les Peintres les doivent imiter pour l'ordre des Plis, mais non pas pour la qualité ni pour le nombre. 3. Que les Sculpteurs font obligés de les fuivre autant qu'ils pourront, fans vouloir imiter inutilement & mal à propos la maniere des Peintres, & faire des Plis grands, larges & épais, qui ne font que des duretés infupportables, & qui reffemblent plutôt à un rocher, qu'à une véritable Etoffe. Voyez la Remarque 211 vers le milieu.

202. (*Et fi ces parties fe trouvent trop écartées l'une de l'autre, en forte &c.*) C'eft afin d'empêcher, comme il a été dit dans le précepte des Groupes, que les rayons vifuels ne

se divisent trop, & que les yeux ne souffrent en voyant tant d'objets separés. Le Guide a été fort exact dans cette observation. Voyez dans le texte la fin de ce précepte de Draperies, *Il sera bon quelque fois, &c.*

§ 204. (*Et comme la beauté des Membres ne consiste pas dans, &c.*) Raphaël dans les commencemens a un peu trop multiplié les Plis, à cause que s'étant avec raison laissé charmer de la beauté des Antiques, il en imita les Draperies un peu trop reguliérement : mais s'étant ensuite apperçû que cette quantité de Plis pétilloit trop sur les Membres, & ôtoit ce repos & ce silence , qui en Peinture sont si fort amis des yeux; il se servit d'une autre conduite dans les Ouvrages qu'il a fait depuis qui étoit le temps qu'il commença à entendre l'effet des Lumieres , des Groupes , & des Oppositions du Clair-Obscur ; de sorte qu'il changea tout-à-fait de maniere : (ce fut environ huit ans avant sa mort) & quoi qu'il ait toujours donné de la grace à tout ce qu'il a peint, il a néanmoins fait paroître dans fes derniers Ouvrages une Grandeur, une Majeſté ; & une Harmonie toute autre que dans ſa premiere maniere ; & cela pour avoir retranché du nombre de ſes Plis, pour les avoir faits plus amples, pour les avoir contrariés davantage, & avoir fait les Maſſes de Clair-Obſ-cur plus grandes & plus débroüil-lées. Prenez la peine d'examiner ces differentes manieres dans les Eſtam-pes que nous voyons de ce Grand Homme.

210. (*Comme les Magiſtrats, à qui vous donnerez des Draperies fort amples.*) Ne faites pas vos Drape-ries ſi amples, qu'il y en ait aſſez pour habiller quatre ou cinq Figu-res, comme il y en a qui les font, & prenez garde que vos Plis ſoient na-turels, & diſpoſez en ſorte que l'on puiſſe conduire ſans peine & déve-lopper des yeux toutes vos Draperies d'un bout à l'autre. Par les Magiſ-trats il entend toutes les perſonnes graves & déja avancées en âge.

211. (*Et aux Filles, de tendres, &*

de legers. (Par ce nom de *Filles*, il entend toutes les personnes jeunes, svcltes & de taille dégagée, legeres & délicates ; comme font les Nymphes, les Nayades, & les Fontaines, les Anges même y font compris, dont les Draperies doivent être de Couleur fort douce & fort approchante des Couleurs que l'on voit dans le Ciel, principalement quand ils font en l'air. Il n'y a que ces fortes d'Etoffes legéres & maniables au gré du vent qui puiffent fouffrir quantité de Plis, en forte néanmoins qu'il n'y ait point de duretés.

Il n'y a perfonne qui ne juge bien qu'entre les Draperies des Magiftrats, & celles des jeunes Filles, il ne faille tenir une médiocrité de Plis qui fe rencontre plus ordinairement ; comme dans les Draperies d'un Chrift, d'une Vierge, d'un Roi, d'une Reine, d'une Duchefse, & d'autres perfonnes de refpeét & de Majefté : & celles auffi qui font d'un âge médiocre, avec cette obfervation, qu'il faut faire les Etoffes plus ou moins riches, felon la dignité des personnes : & que l'on diſtingue la Laine d'avec la Soye, le Satin d'avec le Velours, le Brocard d'avec la Broderie, & qu'enfin l'œil ſoit trompé (pour ainſi dire) par la vérité & la différence des Etoffes.

Remarquez, s'il vous plaît, que les Draperies tendres & légeres n'étant données qu'aux Sexe Feminin, les Anciens Sculpteurs ont évité autant qu'ils ont pû d'habiller les Figures d'hommes ; parcequ'ils ont penſé (comme nous l'avons déja dit) qu'en Sculpture on ne pouvoit imiter les Etoffes, & que les gros Plis faiſoient un mauvais effet. Il y a quaſi autant d'exemples de cette vérité, qu'il y a parmi les Antiques de Figures d'Hommes nuës. Je rapporterai ſeulement celui du Laocoon, lequel ſelon toute la vrai-ſemblance devroit être vêtu ; & en effet, qu'elle apparence y a-t-il qu'un Fils de Roi, qu'un Prêtre d'Apollon ſe trouvât tout nud dans la Cérémonie actuelle du Sacrifice ? car les Serpens paſſerent de l'Iſle de Tenedos au rivage de Troye, & ſurpirent Laocoon &

ſes Fils dans le temps même qu'il ſa-
crifioit à Neptune ſur le bord de la
Mer , comme le témoigne Virgile
dans le ſecond de ſon Eneïde. Cependant les Ouvriers, *a* qui ſont les
Autheurs de ce bel Ouvrage , ont
bien vû qu'ils ne pouvoient pas leur
donner de vêtemens convenables à
leur qualité ſans faire comme un
amas de pierres, dont la Maſſe reſ-
ſembloit à un rocher , au lieu des
trois admirables Figures , qui ont
été & qui ſeront toujours l'admiration des Siécles. Et c'eſt pour cela
que de deux inconvéniens , ils ont ju-
gé celui des Draperies beaucoup
plus fâcheux que celui d'être contre la vérité même. Cette Obſerva-
tion établit fort bien ce que j'ai
dit dans la Remarque 200. Et il me
ſemble qu'elle mérite bien que vous
y faſſiez un peu de reflexions : & pour
vous la confirmer, je vous ferai ſou-
venir que Michel Ange ſuivant cette
Maxime , a donné aux Prophétes
qu'il a peints dans la Chapelle du
Pape , des Draperies dont les Plis
ſont amples & de groſſe Etoffe , au

lieu que le Moïse qu'il a fait de Sculpture , est vêtu d'une Draperie beaucoup plus attachée aux Parties , & qui tient tout à fait de celles des Antiques. Cependant c'est un Prophéte , comme le sont ceux de la Chapelle , un homme de même qualité , & à qui Michel Ange devroit avoir donné les mêmes Draperies , s'il n'en avoit été empêché par les raisons que nous en avons données.

215. (*Les Marques des Vertus*) § C'est à dire , des Sciences & des Arts. Les Italiens appellent *Virtuoso* un homme qui aime les beaux Arts , & qui s'y connoît : & parmi nos Peintres , le mot de vertueux s'entend même assez dans cette signification.

217. (*Mais que l'Ouvrage ne* § *soit pas trop enrichi d'Or ni de Pierreries.*) Clement Alexandrin rapporte. *Qu'Apelle ayant vû une Heléne , qu'un Jeune - homme de ses Disciples avoit faite , & avoit ornée de quantité d'Or & de Pierreries, lui dit : O mon ami , ne l'ayant pû faire belle , tu*

Libr. III.
Pædag.
cap. 12.

n'as pas manqué de la faire bien riche.
Outre que les choses brillantes en
Peinture, comme les Pierreries se-
mées avec profusions sur les habits,
se nuisent les unes aux autres, parce qu'elles attirent la vûe en trop
d'endroits en même temps, & qu'elles empéchent les corps ronds de
tourner, & de bien faire leur effet.
D'ailleurs la quantité fait ordinairement juger qu'elles sont fausses, &
il est à présumer que les choses precieuses sont toujours rares. Corrinna
cette sçavante Thebaine reprochant
un jour à Pindare (lequel elle avoit
vaincu cinq fois en Poësie) qu'il ré-
pandoit trop indifféremment par
tout dans ses Oeuvres les Fleurs du
Parnasse, lui dit, *qu'on semoit avec
la main, & non pas avec tout le sac.*
C'est pourquoi le Peintre doit orner
les Vêtemens avec une grande prudence : & les Pierreries font extrê-
mement bien, quand elles font sur
des endroits que l'on veut tirer hors
de la Toile ; comme sur une Epaule
ou sur un Bras, pour lier quelque
Draperie, qui d'elle - même ne sera

pas de Couleurs fort fenfibles : elles font encore parfaitement bien avec le Blanc & les autres Couleurs lege- res , que l'on veut tenir fur le devant , parce que les Pierreries font fenfi- bles & pétillantes par l'oppofition du grand Clair & du grand brun qui s'y rencontrent.

219. (*Il fera très-expedient de fai- re un Modelle des chofes dont le Na- turel eſt difficile à tenir , & dont nous ne pouvons pas difpofer comme il nous plaît :*) Comme des Groupes de plufieurs Figures , & des Attitudes difficiles à tenir long-temps, des Figu- res en l'Air , en Plat-fond , ou éle- vées beaucoup au deſſus de la vûe , & des Animaux même dont on ne dif- pofe pas aifément. Par ce Précepte l'on voit aſſez la neceſſité qu'a un Peintre de fçavoir Modeler , & d'a- voir plufieurs Modeles de cire ma- niables. Paul Veronefe en avoit un fi bon nombre , avec une fi grande quantité d'Etoffes differentes , qu'il en mettoit toute une Hiſtoire enfem- ble fur un Plan dégradé , telle gran- de & telle diverfifiée qu'elle fût

Tintoret en uſoit ainſi , & Michel-
Ange , au rapport de Jean-Baptiſte
Armenini , s'en eſt ſervi pour toutes
les Figures de ſon Jugement. Ce n'eſt
pas que je conſeille à perſonne ,
quand on voudra faire quelque choſe de bien conſiderable , de finir d'a-
près ces ſortes de Modeles : mais ils
ſerviront beaucoup , & ſeront d'un
grand avantage pour voir les Maſſes
des grandes Lumieres & des grandes
Ombres , & l'effet du tout-enſemble. Du reſte vous devez avoir un
Manequin à peu près grand comme
Nature pour chaque Figure en particulier , ſans manquer pour cela de
voir le Naturel , & de l'appeller comme un témoin qui doit confirmer la
choſe à vous premierement , puis aux
Spectateurs , comme elle eſt dans la
vérité. Vous pouvez vous ſervir de
ces Modeles avec plaiſir , ſi vous les
mettez ſur un Plan dégradé à proportion des Figures , qui ſera comme
une table faite exprés , que vous pourrez hauſſer & rabaiſſer ſelon votre
commodité , & ſi vous regardez vos
Figures par un trou ambulatoire , qui

servira de Point de vûë & de Point
de distance, quand vous l'aurez une
fois arrêté. Ce même trou vous servira encore pour voir vos Figures en
Plat-fond, & disposée sur une gril-
le de fil de fer, ou soûtenuës en l'air
par de petit filets élevés à discre-
tion, ou de l'une & de l'autre maniere tout ensemble. Vous joindrez à
vos Figures tout ce qu'il vous plaira,
pourvû que le tout leur soit proportionné, & qu'enfin vous vous imaginez vous-même, n'être que de
leur grandeur : Ainsi l'on verra dans
tout ce que vous ferez plus de vérité, votre Ouvrage vous donnera un
plaisir incroyable, & vous éviterez
quantité de doutes & de difficultés
qui arrêtent bien souvent, & principalement pour ce qui est de la Perspective linéale que vous y trouverez
indubitablement : pourvû que vous
vous souveniez de tout proportionner à la grandeur de vos Figures,
& spécialement les Points de vûe &
de distance : mais pour ce qui est de
la Perspective aërée, ne s'y trouvant
pas, le Jugement y doit suppléer.

Ridolfi dans
fa Vie.

Le Tintoret avoit fait des Chambres
d'ais & de carton proportionnées à
fes Modeles, avec des portes & des
fenêtres, par où il diftribuoit fur fes
Figures des Lumieres artificielles autant qu'il jugeoit à propos ; & il paf-
foit affez fouvent une partie de la nuit
à confidérer & à remarquer l'effet de
fes Compofitions : fes Modeles étoient
de deux pieds de haut.

§ 221. (*Que l'on confidére les Lieux
où l'on met la Scene du Tableau, &c.*)
C'eft ce que Monfieur de Chambray
appelle, faire les chofes felon le
Coftume. Voyez ce qu'il en dit dans
l'explication de ce mot dans le Livre qu'il a fait de la Perfection de le
Peinture. Ce n'eft pas affez que dans
le Tableau il ne fe trouve rien de contraire au lieu où l'Action que l'on
repréfente s'eft paffée, il faut encore
le faire connoître par quelque in-
duftrie, & que l'efprit du Spectateur
ne travaille pas à découvrir, fi c'eft
l'Italie ou la Gréce, la France ou
l'Efpagne, fi c'eft auprès d'un Fleuve
ou au bord de la Mer ; fi c'eft le Rhin,
ou la Loire ; le Po, ou le Tibre, &

ainfi des autres chofes qui font effen-
tielles à l'Hiftoire. *Nealce , Homme
d'efprit & Peintre ingenieux, ayant à
peindre un combat naval entre les Per-
fes & les Egyptiens, & voulant faire
voir que cette Bataille s'etoit donnée
fur le Nil, dont les Eaux font de la
Couleur de celles de la Mer, fit un
Ane qui bûvoit au bord du Fleuve,
& un Crocodile qui tâchoit de le fur-
prendre.*

222. (*Et de la Grace.*) Il eft affez
difficile de dire ce que c'eft que cette Grace de la Peinture : on la conçoit & on la fent bien mieux qu'on
ne la peut expliquer. Elle vient des
Lumieres d'un excellente Nature ,
qui ne fe peuvent acquerir , par lefquelles nous donnons un certain tour
aux chofes qui les rend agréables.
Une Figure fera deffinée avec toutes
fes Proportions , & aura toutes fes
Parties regulieres , laquelle pour cela ne fera pas agréable, fi toutes ces
Parties ne font mifes enfemble d'une
certaine maniére qui attire les yeux,
& qui les tienne comme immobiles.
C'eft pourquoi il y a de la différence

entre la beauté & la Grace, & il semble qu'Ovide les ait voulu distinguer, quand il a dit en parlant de Venus, *Multaque cum Formâ Gratia mista fuit. Il y avoit beaucoup de Grace mêlée avec la beauté.* Et Suétone parlant de Neron dit, *Qu'il étoit beau plutôt qu'agreable. Vultu pulchro magis quam venusto.* Et combien voyons-nous de belles personnes qui nous plaisent beaucoup moins que d'autres qui n'ont pas de si beaux traits ? C'est par cette Grace que Raphael s'est rendu le plus celébre de tous les Italiens, de même qu'Apelle l'a été de tous les Grecs.

¶ 233. (*C'est où consiste la plus grande difficulté,*) pour deux raisons, & parce qu'il en faut faire une grande étude, tant sur les belles Antiques & sur les beaux Tableaux, que sur la Nature : & parce que cette Partie dépend presque entiérement du Génie, & qu'elle semble être purement un don du Ciel, que nous avons reçû dès notre naissance, c'est pourquoi notre Auteur ajoûte : *Nous en voyons assurément bien peu qu'en cela Jupiter ait*

ait regardez d'un œil favorable ; auffi
n'appartient - il qu'à ces Efprits , qui
participent en quelque chofe de la
Divinité , d'operer de fi grandes merveilles. Bien que ceux qui n'ont pas
tout à fait reçû du Ciel ce don précieux , ayent beaucoup de peine à fe
l'acquerir , néanmoins il eft à mon
avis néceffaire que les uns & les autres apprennent parfaitement le Caractere de chaque Paffion.

Toutes les actions de l'Appetit
fenfitif font appellées Paffions ,
d'autant qu'elles agitent l'Ame , &
que le Corps y patit & s'y altére
fenfiblement : Ce font ces diverfes
agitations & ces différens mouvemens de tout le Corps en general, &
de chacune de fes Parties en particulier , que notre excellent Peintre
doit connoître , dont il doit faire fon
étude , & fe former une parfaite
Idée. Mais il fera à propos de fçavoir d'abord que les Philofophes en
admettent onze ; l'Amour, la Haine , le Defir , la Fuite , la Joye , la
Trifteffe , l'Efperance , le Defefpoir,
la Hardieffe , la Crainte , & la Cole-

re. Les Peintres les multipient non seulement par leurs différens degrés, mais encore par leurs différentes especes : car ils feront par exemple six personnes dans le même degré de Crainte, qui exprimeront cette Passion toute-différemment: & c'est cette diversité d'espéces qui fait faire la distinction des Peintres qui sont véritablement habiles, d'avec ceux qu'on appelle Manieristes, & qui repetent jusqu'à cinq ou six fois dans un même Tableau les mêmes Airs de tête. Il y a une infinité d'autres Passions, qui sont comme les branches de celles que nous avons nommées : L'on peut par exemple, comprendre sous l'Amour, la Grace, la Gentillesse, la Civilité, les Caresses, les Embrassemens, les Baisers, la Tranquillité, la Douceur, &c. Et sans examiner si toutes les choses que les Peintres appellent du nom de Passion, se peuvent rapporter à celles des Philosophes, je suis d'avis que chacun en use comme il lui plaira, & qu'il en fasse une étude à sa mode, le nom n'y fait rien: L'on-

peut même appeller Paſſion, la Majeſté, la Fierté, l'Ennui, l'Avarice,
la Pareſſe, l'Envie, & pluſieurs autres choſes ſemblables. Ces Paſſions
ſe doivent apprendre, comme nous
avons déja dit ſur la Nature, de la
maniere que l'enſeigne notre Auteur, ſur les belles Antiques & ſur
les beaux Tableaux. Il faut voir par
exemple tout ce qui fait pour la Triſteſſe, le deſſiner ſoigneuſement, &
l'imprimer de telle ſorte dans ſa me-
moire, que l'on en ſçache de ſept ou
huit façons, plus ou moins, & qu'incontinent enſuite & ſans autre Original, l'on faſſe voir ſur le papier,
l'Image qu'on en a conçûe, &
qu'on les poſſéde parfaitement : mais
ſur tout pour les bien poſſéder, il
faut ſçavoir que c'eſt un tel trait ou
une telle ombre plus ou moins forte,
qui fait telle Paſſion ou telle autre,
dans un tel ou tel degré. Et ainſi
quand on vous demandera ce qui fait
en Peinture la Majeſté d'un Roi, la
Gravité d'un Heros, l'Amour d'un
Chriſt, la Douleur d'une Vierge,
l'Eſpérance du bon Larron, le De-

ſeſpoir du méchant, la Grace & la Beauté d'une Venus, & enfin le Caractere de quelque Paſſion que ce ſoit ; vous répondrez auſſi - tôt déterminément & avec aſſûrance , Que c'eſt une telle Attitude, ou telles lignes dans les parties du viſage formées de telle ou telle façon, ou même l'un & l'autre tout enſemble, car les Parties du Corps ſeparément font connoître les Paſſions de l'Ame, ou bien conjointement les unes avec les autres.

Mais de toutes ces Parties, la Tête eſt celle qui donne le plus de vie & de Grace à la Paſſion, & qui contribuë en cela toute ſeule plus que toutes les autres enſemble, Les autres ſeparement ne peuvent exprimer que de certaines Paſſions, mais la Tête les exprime toutes. Il y en a néanmoins qui lui font plus particulieres : comme l'Humilité, qu'elle exprime lorſqu'elle eſt baiſſée; l'Arrogance, quand elle eſt élevée , la Langueur, quand elle panche & qu'elle ſe laiſſe aller ſur l'Epaule ; l'Opiniâtreté, avec une certaine humeur revêche & barba-

re, quand elle est droite, fixe & ar-
rêtée entre les deux Epaules ; &
d'autres dont on conçoit mieux les
marques qu'on ne les peut dire, comme la Pudeur, l'Admiration, l'Indi-
gnation & le Doute. C'est par elle
que nous faisons mieux voir nos Sup-
plications, nos Ménaces, notre
Douceur, notre Fierté, notre Amour,
notre Haine, notre Joye, notre
Tristesse, notre Humilité ; enfin
c'est assez de voir le Visage pour
entendre à demi mot ; la Rougeur &
la Pâleur nous parlent, aussi-bien que
le mélange des deux.

Les Parties du Visage contribuënt
toutes à mettre au dehors les sentimens du Cœur ; mais sur tout les
Yeux, qui sont comme deux fenêtres par où l'Ame se fait voir : Les
Passions qu'ils expriment le plus particulierement sont, le Plaisir, la Langueur, le Dédain, la Sévérité, la
Douceur, l'Admiration & la Colere : la Joye & la Tristesse en pourroient encore être, s'ils ne partoient
plus spécialement des Sourcils & de
la bouche : Et bien que ces deux der-

nieres Parties s'accordent plus particuliérement pour exprimer ces deux
Paſſions, néanmoins ſi vous en faites
un trio avec les Yeux, vous aurez une
harmonie merveilleuſe pour toutes les
Paſſions de l'Ame.

Le Nés n'a point de Paſſion qui
lui ſoit particuliere, il ne fait que
prêter ſon ſecours aux autres par un
élevement de Narines, qui eſt autant
marqué dans la Joye que dans la
Triſteſſe ; il ſemble néanmoins que
le mépris lui faſſe lever le bout &
élargir les Narines, en tirant en haut
la Lévre de deſſus à l'endroit qui approche des coins de la Bouche. Les
Anciens ont fait le Nés le ſiége de
la Moquerie, *Eum ſubdole Irriſioni
dicaverunt :* dit Pline. Ils y ont auſſi
logé la Colére : on voit dans Perſe,
*Diſce : ſed Ira cadat Naſo rugoſa-
que ſanna.* Et Philoſtrate dans le Tableau de Pan que les Nimphes
avoient lié, & à qui elles faiſoient
mille inſultes, dit de ce Dieu : *Il
avoit coûtume de dormir auparavant
d'un Nés benin, tranquille & paiſible,
radouciſſant par le ſommeil*

le renfrognement & la colére qu'il y avoit fait paroître; mais il est aujourd'huy irrité au dernier point. Je croirois pour moi que le Nés est le siége de la Colére dans les animaux plutôt que les Hommes , & qu'il ne sied bien qu'au Dieu Pan , qui tient beaucoup de la bête , de renfrogner son Nés dans la Colére , comme font les autres animaux.

Le mouvement des Lévres doit être médiocre , si c'est dans le discours , parce qu'on parle plutôt de la Langue que des Lévres : & si vous faites la Bouche fort ouverte , il faut que ce soit pour exprimer une violente Passion.

Pour ce qui est des Mains , elles sont les servantes de la Tête , elles sont ses armes & son secours ; sans elles l'action est foible & comme à demi-morte : leurs mouvemens , qui sont presque infinis , font des expressions sans nombre. N'est-ce pas par elles que nous desirons , que nous esperons , que nous promettons , que nous appellons , que nous renvoyons ? Elles sont encore les instrumens de

nos menaces, de nos fupplications ;
de l'horreur que nous témoignons
pour les chofes, & de la loüange que
nous leur donnons. Par elles nous
craignons, nous interrogeons, nous
approuvons, nous refufons, nous
montrons notre joye & notre trifteffe, nos doutes, nos regrets, nos
douleurs & nos admirations : Enfin,
l'on peut dire, pufqu'elles font la
Langue des Muets, qu'elles ne contribuent pas peu à parler un langage
commun à toutes les Nations de la
Terre, qui eft celui de la Peinture.

Or de dire, comme il faut que ces
Parties foient difpofées pour exprimer les différentes Paffions, c'eft ce
qui eft impoffible, & dont on ne
peut donner des Regles bien précifes,
tant à caufe que le travail en feroit
infini, que parce que chacun en doit
ufer felon fon Génie & felon l'étude
qu'il en a dû faire. Souvenez-vous feulement de prendre garde que les
Actions de vos Figures foient toutes
naturelles. *Il me femble* (dit Quintilien parlant des Paffions) *que cette*
Partie fi belle & fi grande n'eft pas
inac-

inaccessible, & qu'il y a un chemin qui y conduit assez facilement : C'est de considerer la Nature, & de l'imiter : car les Spectateurs sont satisfaits, lorsque dans les choses artificielles, ils reconnoissent la Nature telle qu'ils ont accoutumé de la voir. Cet endroit de Quintilien est parfaitement expliqué par les paroles d'un excellent Maître, lesquelles notre Auteur nous propose comme une très-bonne Regle : les voici : *Que les Mouvemens de l'Ame qui sont étudiés, ne sont jamais si naturels que ceux qui se voyent dans la chaleur d'une véritable passion.* Ces mouvemens s'exprimeront bien mieux, & seront bien plus naturels, si l'on entre dans les mêmes sentimens, & que l'on s'imagine être dans le même état que ceux que l'on veut représenter: *Car la Nature* (dit Horace) *dispose notre interieur à toutes sortes de fortunes, tantôt elle nous rend contens, tantôt elle nous pousse dans la colere, & tantôt elle nous accable tellement de tristesse, qu'elle nous abat entierement, & nous met dans des inquietudes mortelles : puis*

Dans son Art.

R

elle poûſſe au dehors les Mouvemens du Cœur par la Langue, qui eſt ſon Interpréte. Qu'au lieu de la Langue le Peintre diſe, par les Actions qui ſont ſes Interpretes. Le moyen (dit Quintilien) de donner une Couleur à une choſe, ſi vous n'avez pas cette Couleur. Il faut que nous ſoyons touchés les premiers d'une Paſſion, avant que d'eſſayer d'en toucher les autres. Et comment faire (ajoûte-t-il) pour ſe ſentir ému, vû que les Paſſions ne ſont pas en notre puiſſance ? En voici le moyen, ſi je ne me trompe : Il faut ſe former des Viſions & des Images des choſes abſentes, comme ſi effectivement elles étoient devant nos yeux, & celui qui concevra plus fortement ces Images, poſſedera cette Partie des Paſſions avec d'autant plus d'avantage & de facilité. Mais il faut prendre garde, comme nous avons déja dit, que dans ces Viſions les mouvemens ſoient naturels : car il y en a qui s'imaginent avoir donné bien de la vie à leurs Figures, quand ils leur ont fait faire des Actions violentes & exagerées, que l'on peut appeller des Contorſions du Corps plutôt que des Paſſions de l'Ame ; & qui ſe donnent ainſi ſouvent bien de la peine pour trouver quelque ſorte Paſſion où il n'en faut point du tout.

Joignez à tout ce que j'ai dit des Paſſions, qu'il faut extrémement avoir égard à la qualité des perſonnes paſſionnées : La Joye d'un Roi ne doit pas être comme celle d'un valet, & la Fierté d'un Soldat ne doit pas reſſembler à celle d'un Capitaine. C'eſt dans ces différences que conſiſte tout le fin & tout le délicat des Paſſions. Paul Lomaſſe a écrit fort amplement ſur chaque Paſſion en particulier dans ſon 2. Livre : mais prenez garde à ne vous y point trop arrêter, & à ne point forcer votre Génie.

247. (*On la vit ſe ſauver dans des lieux ſouterrains.*) Tout ce qui ſe trouve de Peinture Antique en Italie fut ruiné dans l'irruption des Huns & des Goths, à la reſerve des Ouvrages qui étoient dans les lieux ſouterrains, qui pour n'avoir pas été expoſés à la vûë, furent ſauvés de l'inſolence de ces Barbares.

R ij

§ 256. (*La Cromatique.*) La troisiéme & derniere Partie de la Peinture
s'appelle Cromatique, ou Coloris.
Elle a pour objet la Couleur : c'est
pourquoi les Lumieres & les Ombres y sont aussi comprises, qui ne sont
autre chose que du Blanc & du Brun,
& par consequent qui ont rang parmi
les Couleurs. Philostrate dit, *Qu'on*
peut appeller l'Peinture à juste titre ce
qui n'est fait qu'avec deux seules Cou-
leurs, pourvû que les Lumieres & les
Ombres y soient observées : car on y
voit la veritable ressemblance des cho-
ses avec leurs beautes : on ne laisse pas
même d'y voir les Passions, quoi que
sans Couleurs : on y peut exprimer
tant de vie, que l'on y connoisse jus-
qu'au sang ; la couleur des cheveux
& de la barbe s'y fait remarquer, &
l'on y distingue sans confusion les
Noirs, les Blonds & les Vieillards
par la blancheur de leur poil. On y
connoît sans peine les Indiens & les
Mores, non seulement par leur nés
camus, leurs cheveux crépus, & leurs
joues elevees, mais aussi par la Cou-
leur noire qui leur est naturelle. L'on

De Vita
Apollonii
l. 2. §. 10.

peut ajoûter à ce que dit Philoſtrate, qu'avec deux ſeules Couleurs, le
Clair & l'Obſcur, il n'y a point de
ſorte d Etoffe qu'on ne puiſſe imiter.
Diſons donc que la Cromatique
fait ſes obſervations ſur les Maſſes
ou Corps des Couleurs, accompa-
gnées de Lumieres & d'Ombres plus
ou moins évidentes par degrés de diminution, ſelon les accidens, premierement du Corps lumineux, comme du Soleil, ou d'un flambeau; ſe-
condement du Corps diaphane, qui eſt
entre nous & l'objet, comme de l'Air
pur ou épais, ou d'une vitre rouge, &c.
3°. du Corps ſolide illuminé, comme
d'une Statue de Marbre blanc, d'un
arbre vert, d'un cheval noir, &c. 4°. de
la part de celui qui regarde le Corps
illuminé, comme le voyant de loin ou
de près, directement en angle droit,
ou de biais en angle obtus, de haut
en bas, ou de bas en haut. Cette Partie dans la connoiſſance qu'elle a de
la valeur des Couleurs, de l'amitié
qu'elles ont enſemble, & de leur
antipathie, comprend la Force, le
Relief, la Fierté, & ce Précieux que

l'on remarque dans les bons Tableaux. Le maniement des Couleurs
& le travail dépendent encore de cette derniere Partie.

§ 263. (*Sa Sœur* ;) C'eſt à dire, le
Deſſein, qui eſt la ſeconde Partie. de
la Peinture , laquelle ne conſiſtant
qu'en des lignes, a tout-à-fait beſoin
de la Cromatique pour paroître ; c'eſt
pourquoi notre Auteur appelle cette derniere Partie, *Lena Sororis*, que
j'ai traduit en termes plus honnêtes
de la ſorte : *On l'accuſoit de produire ſa Sœur , & de nous engager a-
droitement à l'aimer.*

§ 267. (*La Lumiere produit. &c.*)
Voici trois Théorêmes de ſuite que
notre Auteur nous propoſe , pour
en tirer quelque concluſion : Vous
en trouverez d'autres, qui ſont autant de propoſitions dont il faut tomber d'accord , pour en tirer les Préceptes , qui ſont contenus dans la
ſuite de ce Traité, ils ſont tous fondés ſur le Sens de la vuë.

§ 282. (*Ce qui ſera tout au plus.*)
Voyez la Remarque du nombre 152.

§ 281. (*Que vous faſſiez paroître*

les Corps éclairés par des Ombres qui arrétent notre vuë, &c.) C'eſt à dire proprement, qu'après de grands Clairs il faut de grandes Ombres, qu'on appelle des Repos ; parce que effectivement la vuë ſeroit fatiguée, ſi elle étoit attirée par une continuité d'objets pétillans. Les Clairs peuvent ſervir de repos aux Bruns, comme les Bruns en ſervent aux Clairs. J'ai dit ailleurs qu'un Groupe de Figures doit être conſideré comme un Chœur de Muſique, dans lequel les Baſſes ſoûtiennent les Deſſus, & les font entendre plus agréablement.

Ces repos ſe font de deux manieres, dont l'une eſt Naturelle, & l'autre Artificielle : La Naturelle ſe fait par une étenduë de Clairs ou d'Ombres, qui ſuivent naturellement & néceſſairement les Corps ſolides, ou les Maſſes de pluſieurs Figures a-grouppées, lors que le jour vient à frapper deſſus : Et l'Artificielle conſiſ-te dans les Corps des Couleurs que le Peintre donne à de certaines choſes telles qu'il lui plaît, & les compoſe de telle ſorte qu'elles ne faſſent point de tort aux Objets qui font auprès d'elles. Une Draperie, par exemple, que l'on aura faite jaune ou rouge en certain endroit, pourra être dans une autre de Couleur brune, & y conviendra mieux pour produire l'effet que l'on demande. L'on doit prendre occafion, autant qu'il eft poffible, de fe fervir de la premiere Maniere, & de trouver les repos dont nous parlons par le Clair ou par l'Ombre, qui accompagnent naturellement les Corps folides : Mais comme les Sujets que l'on traite ne font pas toujours favorables, pour difpofer des Figures, ainfi que l'on voudroit bien, l'on peut en ce cas prendre fon avantage par le Corps des Couleurs, & mettre dans les endroits qui doivent être obfcurs, des Draperies, ou d'autres chofes que l'on peut fuppofer être naturellement brunes & falies, lefquelles vous feront le même effet, & vous donneront les mêmes repos que les Ombres qui n'ont pû être caufées par la difpofition des Objets.

Ainfi le Peintre qui a de l'intelli-

gence prendra ſes avantages de l'une
& de l'autre Maniere , & s'il faut un
Deſſein qui doive être gravé, il ſe
ſouviendra que les Graveurs ne diſ-
poſent pas des Couleurs , comme
font les Peintres, & que par conſé-
quent il doit prendre occaſion de
trouver les repos de ſon Deſſein dans
les Ombres naturelles des Figures, qu'il aura diſpoſées à cet effet.
Rubens en donne une parfaite connoiſſance dans les Eſtampes qu'il a
fait graver ; & je ne crois pas que
l'on puiſſe rien voir de plus beau en
ce genre : Toute l'intelligence des
Groupes , du Clair-Obſcur & de
ces Maſſes que le Titien appelloit
la Grappe de Raiſin, y eſt ſi nettement expoſée , que la vûë de ces
Eſtampes & l'attention que l'on y
apporteroit , contribueroient beaucoup à faire un habile-homme. Les
plus belles ſont gravées par Vorſter-
mans , Pontius , & Bolſvert , qui
ſont trois excellens Graveurs, dont
Rubens prenoit plaiſir de conduire
les Ouvrages, leſquels vous trouverez ſans doute admirables , ſi vous.

voulez les examiner : mais n'y cherchez pas l'élegance du deſſein , ni la
correction des Contours.

Ce n'eſt pas que les Graveurs ne
puiſſent & ne doivent imiter les
Corps des Couleurs par les degrés
du Clair - Obſcur , autant qu'ils ju-
geront que cela doit produire un bel
effet ; au contraire il eſt , à mon avis ,
impoſſible de donner beaucoup de
force à tout ce que l'on gravera d'a-
près les Ouvrages de l'École de Ve-
niſe , & de tous ceux qui ont eu l'intelligence des Couleurs & du Contraſte du Clair-Obſcur , ſans imiter
en quelque façon la Couleur des Objets ſelon le rapport qu'elle a aux degrés du Blanc & du Noir. On voit de
certaines Eſtampes de pluſieurs bons
Graveurs , où ces choſes ſont obſervées , qui ont une force merveilleuſe :
Et il paroît depuis peu une Galerie
de l'Archiduc Leopold , laquelle ,
quoi que très-mal gravée , ne laiſſe
pas de donner à connoître une partie de la beauté de ſes Originaux , à
cauſe que les Graveurs qui l'ont exé-
cutée (quoique d'ailleurs aſſez

ignorans) ont obfervé à peu-près
en la plûpart de ces Eftampes les
Corps des Couleurs dans le rapport
qu'elles ont aux degrés du Clair-
Obfcur.

Que les Graveurs faffent un peu
de reflexion fur toute cette Remarque : elle leur eft de la derniere confequence ; car quand ils auront l'intelligence de ces Repos, ils refou-
dront facilemnent les difficultés qui
les embarraffent fouvent , & lors
principalement qu'ils ont à graver
d'après un Tableau, où ni le Clair-
Obfcur, ni les Corps des Couleurs
ne fe trouvent pas fçavamment obfervés , quoique dans les autres
Parties le Tableau foit accompli.

286. (*De la même façon que le*
Miroir convexe vous le montre.) Le
Miroir convexe altere les Objets qui
font au mil'eu, de forte qu'il femble
les faire fortir hors de fa fuperficie.
Le Peintre en ufera de cette maniere
à l'égard du Clair-Obfcur de fes Figures , pour leur donner plus de relief & de force.

290. (*Et que celles qui tournent,*

foient de Couleurs rompuës , comme étant moins diftinguées & plus proches des bords.) Il faut que le Peintre imite encore le Miroir convexe en ceci, & qu'aux bords de fon Tableau, il n'y mette rien de pétillant, ni en Couleur, ni en Lumiere Il y a deux raifons pour cela : La premiere eft, que d'abord l'œil fe porte ordinairement au milieu de l'Objet qui fe préfente à lui, & que par conféquent il faut qu'il y trouve le Principal Objet, pour être fatisfait : Et l'autre raifon eft, que les bords étant chargés d'ouvrage fort & pétillant, ils attirent les yeux qui font comme en inquiétude de ne voir pas une continuité de cet Ouvrage, qui eft tout d'un coup interrompu par les bords du Tableau : au lieu que ces bords étans legers d'ouvrages, l'œil demeure au centre du Tableau, & l'embraffe plus agréablement : C'eft pour cette même raifon que dans une grande Compofition de Figures, celles qui étant fur le devant feront coupées par la bafe du Tableau, feront toujours un mauvais effet.

329. (*La Grappe de Raifin.*) Il **§**
eft affez évident que le Titien par
cette comparaifon auffi judicieufe
que familiere , a prétendu dire que
l'on doit ramaffer les Objets & les
difpofer de telle forte , qu'ils com-
pofent un tout , dont plufieurs Parties contiguës puiffent être éclairées,
plufieurs ombrées , & d'autres de
Couleurs rompuës , pour être dans
les Tournans ; de même que dans
une Grappe de Raifin plufieurs
Grains qui en font les parties , fe
trouvent dans le jour , plufieurs dans
l'ombre , & d'autres dans la demi-
teinte , pour être dans les Parties
fuyantes. Le Tintoret dit un jour à
Rubens , qu'il avoit oüi dire au Titien , que dans fes plus grands Ouvrages , la Grappe de Raifin étoit
fon meilleur guide & fa principale
Regle.

330. (*Le Blanc tout pur avance ou* **§**
recule indifferemment , il s'approche
avec du Noir, & s'eloigne fans lui.)
Tout le monde convient que le Blanc
peut fubfifter fur le devant du Tableau, & y être employé tout pur ;

la queſtion eſt donc de ſçavoir s'il peut également ſubſiſter & être placé de la même ſorte ſur le derriere, la Lumiere étant univerſelle, & les Figures ſuppoſées dans une campagne. Notre Auteur conclud affirmativement, & la raiſon qui appuye ce Précepte eſt, que n'y ayant rien qui participe davantage de la Lumiére que le Blanc, & la Lumiére pouvant fort bien ſubſiſter dans le lointain (comme nous le voyons tous les jours au lever & au coucher du Soleil,) il s'enſuit que le Blanc y peut ſubſiſter auſſi : En Peinture la Lumiere & le Blanc ne ſont quaſi que la même choſe. Ajoûtez à cela que nous n'avons point de Couleur plus approchante de l'Air que le Blanc, & par conſequent point de Couleurs plus legéres, d'où vient même que nous diſons ordinairement que l'Air eſt peſant quand nous voyons le Ciel couvert de Nuages obſcurs, ou qu'un broüillard épais nous ôte cette clarté, qui fait la legereté & la ſerénité de l'Air. Le Titien, Tintoret, Paul Veroneſe, &

tous ceux qui ont le mieux entendu les Lumieres, l'ont obfervé de la forte, & perfonne ne peut aller à l'encontre de ce Précepte, à moins que de renoncer au païfage, qui nous confirme parfaitement cette vérité ; & nous voyons que tous les grands Païfagiftes, ont fuivi en cela le Titien, qui s'eft toujours fervi de Couleurs brunes & terreftres fur le devant, & qui a refervé fes plus grands Clairs pour les lointains & les derrieres de fes Païfages.

On peut objecter à cette opinion, que le Blanc ne peut pas fe tenir dans le lointain ; puifque l'on s'en fert ordinairement pour faire approcher les Objets fur le devant. Il eft vrai que l'on s'en fert, & même fort à propos, pour rendre les Objets plus fenfibles par l'oppofition du Brun qui le doit accompagner, & qui le retient comme malgré lui ; foit que ce Brun lui ferve de fond, ou qu'il lui foit attaché. Par exemple, fi vous voulez faire un Cheval blanc fur les premieres lignes de votre Tableau, il faut abfolument, ou que le fond en foit d'un Brun temperé & aſſez large, ou que les harnois en ſoient de Couleurs très-ſenſibles, ou enfin qu'il y ait quelque Figure deſſus, dont les Ombres & la Couleur le retienne ſur le devant.

Mais il ſemble (direz-vous) que le Bleu eſt la Couleur la plus fuyante, puiſque le Ciel & les Montagnes les plus éloignées ſont de cette Couleur. Il eſt bien vrai que le Bleu eſt une Couleur des plus legeres & des plus douces : mais il eſt vrai auſſi qu'elle a d'autant plus de ces qualités, qu'il y a plus de Blanc mêlé, comme l'exemple des lointains nous le fait connoître.

Que ſi la Lumiere de votre Tableau n'eſt point univerſelle, & que vous ſuppoſiez vos Figures dans une Chambre, pour lors ſouvenez-vous du Théorême, qui dit, que *Plus un Corps eſt proche de la Lumiere, & nous eſt directement oppoſé, plus il eſt éclairé ; parce que la Lumiere s'affoiblit en s'éloignant de ſa Source* Vous pourrez encore éteindre votre Blanc, ſi vous ſuppoſez l'Air être un peu plus

épais

épais , & si vous prévoyez que cette supposition fera un bon effet dans l'œconomie de tout l'Ouvrage : mais que cela n'aille pas jusqu'à faire vos Figures d'une demi-teinte si brune , qu'il semble qu'elles soient dans un vilain broüillard , ou qu'elles paroissent attachées à leur fond. Voyez la Remarque suivante.

332. (*Mais pour le Noir tout pur, il n'y a rien qui s'approche davantage.*) dautant que c'est la Couleur la plus pesante, la plus terrestre, & la plus sensible : Cela s'entend assez par les qualités du Blanc qui lui est opposé , & qui est, comme nous avons dit, la Couleur la plus legere. Il y a peu de personnes qui ne soient de cette opinion ; cependant j'en ai trouvé qui m'ont dit que le Noir sur le devant ne faisoit que des trous. A cela il n'y a rien à repondre , sinon que le Noir fait toujours un bon effet sur le devant , quand il est mis fort à propos & avec prudence. Il faut donc tellement disposer les Corps que l'on veut tenir sur le devant du Tableau , que l'on n'y voye point de ces sortes de

trous, & que les Noirs y foient par Maffes & confondus infenfiblement. Voyez le XLVII. Précepte.

Ce qui donne le Relief à la boule (me dira quelqu'un) eft l'éclat ou le Blanc, qui eft ce femble fur la partie la plus proche de nous ; & par confé-quent le Noir eft fuyant.

Il faut prendre garde ici de ne pas confondre les Tournans avec les dif-tances : La queftion n'eft qu'à l'égard des Corps feparés par quelque dif-tances d'enfoncement, & non pas des Corps ronds d'une même conti-nuité. Le Brun que l'on mêle dans les tournans de la boule, les fait fuir, en les confondant plutôt (pour ain-fi dire) qu'en les noirciffant. Et ne voyez-vous pas que les Reflets font un artifice du Peintre, pour rendre les tournans plus legers, & que par ce moyen le plus grand Noir demeu-re vers le milieu de la boule, pour foûtenir le Blanc, & faire qu'elle nous trompe agréablement.

Ce Précepte du Blanc & du Noir eft de fi grande confequence, qu'à moins que d'être exactement pratiqué, il eſt impoſſible qu'un Tableau faſſe un grand effet, que les Maſſes en ſoient débroüillées, & que les diſtances d'enfoncement s'y faſſent remarquer du premier coup d'œil & ſans peine.

L'on peut inferer de ce Précepte que les Maſſes des autres Couleurs ſeront d'autant plus ſenſibles, & approcheront d'autant plus de la vûe, qu'elles ſeront plus Brunes, pourvû que ce ſoit entre Couleurs de même eſpece : Par exemple, un Jaune-Brun approchera davantage qu'un autre qui le ſera moins. J'ai dit, *Pourvû que ce ſoit entre Couleurs de même eſpece* : Parce qu'il y a des Couleurs ſimples, qui de leur nature ſont fieres & ſenſibles, quoique claires, comme le Vermillon : Il y en a auſſi d'autres, quoique Brunes, qui ne laiſſent pas d'être douces & fuyantes, comme l'Azur d'Outremer.

L'effet d'un Tableau ne vient donc pas ſeulement du Clair-Obſcur, mais encore de la nature des Couleurs. J'ai crû qu'il n'étoit pas hors de propos de dire ici les qualités de celles dont on ſe ſert ordinairement, &

que l'on appelle Couleurs capitales ; parce qu'elles servent à faire la composition de toutes les autres, dont le nombre est infini.

L'Ocre de Rut est une Couleur des plus pesantes.

L'Ocre-jaune ne l'est pas tant ; par ce qu'elle est plus claire.

Le Massicot est fort leger, parce que c'est un Jaune très-clair & qui approche fort du Blanc.

L'Outremer, ou l'Azur, est une Couleur fort legére & fort douce.

Le Vermillon est entierement opposé à l'Outremer.

La Laque est un milieu entre l'Outremer & le Vermillon, encore est-elle plus douce que rude.

Le Brun-rouge est des plus terrestres & des plus sensibles.

Le Stil de grain est une Couleur indifférente, & qui par le mêlange est fort suceptible des qualités des autres Couleurs: si vous y mêlez du Brun-rouge, vous ferez une Couleur des plus terrestres; mais si au contraire, vous le joignez avec le Blanc ou le Bleu, vous en aurez une Couleur des plus fuyantes,

La Terre verte & legere, tient le milieu entre l'Ocre-jaune & l'Outremer.

La Terre d'ombre est extrémement sensible & terrestre; il n'y a que le Noir extrême qui lui puisse disputer.

De tous les Noirs, celui là est le plus terrestre qui s'éloigne le plus du Bleu.

Selon le Principe que nous avons établi du Blanc & du Noir, vous rendrez chacune de ces Couleurs que je viens de nommer, d'autant plus terrestre & plus pesante, que vous y joindrez plus de Noir, & d'autant plus legére que vous y mêlerez plus de Blanc.

Pour ce qui est des Couleurs rompuës ou composées, on doit juger de leur force par celle des Couleurs qui les composent. Tous ceux qui ont bien entendu l'accord des Couleurs, ne les ont pas employés toutes pures dans leurs Draperies, sinon dans quelques Figures sur la premiere ligne du Tableau; mais ils se sont servis de Couleurs rompuës & composées, dont ils ont fait une Musique pourles yeux , en mêlant celles qui ont quelque sympathie les unes avec les autres , pour en faire un Tout qui ait de l'union avec les Couleurs qui lui sont voisines. Le Peintre qui a la connoissance de la force & du pouvoir de ces Couleurs , en usera comme il jugera à propos & selon sa prudence.

§ 355. *(Mais que cela se fasse relativement , c'est a-dire , &c.* Un corps doit en faire fuir tellement un autre , qu'il puisse être lui - même chassé par ceux qui sont avancés sur le devant. *Il faut prendre garde & avoir attention (dit Quint.) non pas à une seule chose détachée , mais a plusieurs qui se suivent , & qui par un certain rapport qu'elles ont les unes avec les autres , sont comme continues : de même que si dans une rue droite nous jettons les yeux d'un bout à l'autre , nous découvrons tout d'un coup les différentes choses qui s'y rencontrent , en sorte que non seulement nous verrons la derniere , mais jusques à la derniere relativement.*

§ 361. *(Que jamais deux extrémi-*

tés contraires, &c.) Le Sens de la
vuë à cela de commun avec tous les
autres, qu'il abhorre les extrémités
contraires. Et de même que les
mains qui ont un grand froid souffrent
beaucoup lors qu'on les approche
tout d'un coup du feu ; ainsi les yeux
qui trouvent un extrème Blanc auprès d'un extrème Noir, ou un bel
Azur auprès d'un Vermillon ardent,
ne sçauroient regarder ces extrémi-
mités qu'avec peine , quoiqu'ils y
soient toujours attirés par l'éclat des
deux contraires.

Ce Précepte oblige de sçavoir les
Couleurs qui ont amitié ensemble,
& celles qui sont incompatibles ; ce
que l'on pourra aisément découvrir
en mêlant ensemble les Couleurs
dont on veut faire épreuve : & si par
ce mélange elles font une Couleur
douce & qui ne soit point désagrea-
ble aux yeux , c'est une marque qu'il
y a de l'union & de la sympathie entr'elles ; si au contraire la Couleur qui
sera produite du mélange des deux
autres, est rude à la vuë, il faut conclure qu'il y a de la contrarieté & de

l'antipathie entre ces deux Couleurs.
Le Vert par exemple est une Couleur agréable , qui peut venir du
Bleu & du Jaune mêlés ensemble, &
par conséquent le Bleu & le Jaune
sont deux Couleurs qui sympatisent.
Et tout au contraire le mélange du
Bleu & du Vermillon produit une
Couleur aigre, rude & desagréable.
Concluez donc que le Bleu & le Vermillon ont une antipathie ensemble ;
& ainsi des autres Couleurs, dont vous
pouvez faire essai , & vous éclair-
cir une fois pour toutes. (Voyez la
fin de la Remarque 332 où j'ay pris
occasion de parler de la force & de la
qualité de chaque Couleur capitale.)
L'on peut néanmoins passer par dessus ce Précepte , quand on n'a qu'une
ou deux Figures à traiter, & que parmi un grand nombre on veut en faire remarquer quelqu'une, qui est des
principales du Sujet , & qui autrement ne pourroit se faire remarquer
par dessus les autres. Titien dans le
Tableau qu'il a fait du Triomphe de
Bacchus , ayant placé Ariadne sur
l'un des côtés du Tableau, & ne

pouvant

pouvant pour cette raison la faire remarquer par les éclats de la Lumiere
qu'il a voulu conferver dans le milieu, il lui a donné un écharpe de
Vermillon fur une Drapere bleuë,
tant pour la détacher de fon fonds
qui eft déja une mer bleuë, qu'à caufe que c'eft une des principales Figures du Sujet, fur laquelle il veut que
l'œil foit attiré. Paul Veronefe dans
la Nopce de Cana, parce que le
Chrift, qui eft la principale Figure
du Sujet, eft un peu enfoncé dans le
Tableau, & qu'il n'a pû le faire remarquer par le brillant du Clair-
Obfcur, l'a vêtu de Bleu & de
Vermillon, pour faire que la vuë fe
portât fur cette Figure.

Les Couleurs ennemies fe pourront
d'autant plus allier, que vous y mêlerez d'autres Couleurs qui auront de
la fympathie l'une avec l'autre, & qui
s'accorderont avec celles que vous
voudrez, pour ainfi dire, reconcilier.

365. (*C'eft travailler en vain que* ſ
de, &c.) Il dit ailleurs ; *Cherchez tout ce qui aide votre Art & qui
lui convient, fuyez tout ce qui lui re-*

T

pugne. C'eſt le Précepte LIX. Si le Peintre veut arriver à ſa fin, qui eſt de tromper la vûë, il doit faire choix d'une Nature qui s'accorde à la foibleſſe de ſes Couleurs; puiſque ſes Couleurs ne peuvent pas s'accorder à toute ſorte de Nature. Ce Précepte doit être particuliérement conſiderable à ceux qui font des Payſages.

§ 378. (*Que le Champ du Tableau, &c.*) La raiſon en eſt qu'il faut éviter la rencontre des Couleurs qui ont de l'antipathie enſemble; parce qu'elles bleſſent la vûë: De ſorte que ce Précepte ſe prouve fort bien par le quarante-uniéme, qui dit, *que jamais deux extrémités contraires ne ſe touchent, ſoit en Couleur ou en Lumiere; mais qu'il y ait un milieu participant de l'un & de l'autre.*

§ 382. (*Que vos Couleurs ſoient vives, ſans pourtant donner, comme on dit, dans la farine.*) Donner dans la farine, eſt une façon de parler parmi les Peintres, qui exprime parfaitement ce qu'elle veut dire, qui n'eſt autre choſe que de peindre avec Couleurs claires & fades tout ensemble, lesquelles ne donnent non plus de vie aux Figures, que si effectivement elles étoient frottées de farine. Ceux qui font leurs Carnations fort blanches & leurs Ombres grises ou verdâtres, tombent dans cet inconvenient. Les Couleurs rousses dans les Ombres des chairs les plus délicates, contribuent merveilleusement à les rendre vives, brillantes & naturelles : mais il en faut user avec la même prudence dont le Titien, Paul Ver. Rubens & Vandeik se font servis.

Pour conserver les Couleurs fraîches, il faut peindre en mettant toujours des Couleurs, & non pas en frottant après les avoir couchées sur la toile ; & s'il se pouvoit même faire qu'on les mît justement dans leurs places, & que l'on n'y touchât point quand on les y a une fois placées, il seroit encore mieux ; parce que la fraîcheur des Couleurs se ternit & se perd à force de les tourmenter en peignant.

Tous ceux qui ont bien colorié

avoient encore une autre Maxime pour maintenir les Couleurs fraîches, v'res & fleuries ; c'étoit de se servir de Fonds Blancs , sur lesquels ils peignoient , & souvent même au premier coup, sans rien retoucher, & sans y employer de nouvelles Couleurs. Rubens s'en servoit toujours ; & j'ay vû des Tableaux de la main de ce grand homme faits au premier coup , qui avoient une vivacité merveilleuse. La raison que ces excellens Coloristes avoient de se servir de ces sortes de Fonds, est que le Blanc conserve toujours un éclat sous le transparent des Couleurs , lesquelles empêchent que l'air n'altere la blancheur du Fonds , de même que cette blancheur repare le dommage qu'elles reçoivent de l'air ; de maniére que le Fonds & les Couleurs se prêtent un mutuel secours, & se conservent l'une l'autre. C'est par cette raison que les Couleurs glacées ont une vivacité qui ne peut jamais être imitée par les Couleurs les plus vives & les plus brillantes , dont à la maniére ordinaire & commune on couche simplement les différentes teintes, chacune dans leur place les unes après les autres : tant il eſt vrai que le Blanc & les autres Couleurs fieres, dont on peint d'abord ce que l'on veut glacer, en font comme la vie & l'éclat. Les Anciens ont aſſûrément trouvé que les Fonds blancs étoient beaucoup meilleurs que les autres : puiſque nonobſtant l'incommodité que leurs yeux recevoient de cette Couleur, ils ne laiſſoient pas de s'en ſervir, comme le témoigne Galien dans ſon x. l. de l'uſage des parties. *Lors (dit-il) que les Peintres travaillent ſur leurs Fonds blancs, ils mettent devant eux des Couleurs brunes, & d'autres mêlées de Bleu & de Vert, pour ſe delaſſer les yeux ; parce que le Blanc eſt une Couleur dont l'éclat peine & fatigue la vûe plus qu'aucune autre.* Je ne ſçai d'où vient que l'on ne s'en ſert pas aujourd'hui ; ſi ce n'eſt qu'il y a peu de Peintres curieux de bien colorier, ou que l'ébauche commencée ſur le Blanc ne ſe montre pas aſſez vîte, & qu'il faut avoir une patience plus que Françoiſe, pour at-

tendre qu'elle foit achevée, & que
le Fond qui ternit par fa blancheur
l'éclat des autres Couleurs, foit entiérement couvert, pour faire paroître
agréablement tout l'Ouvrage.

§ 383. (*Que les Parties plus elevées
& plus proches de vous foient, &c.*)
La raifon de ceci eft, que fur une
fuperficie platte & auffi unie que l'eft
une toile tenduë, le moindre corps
paroît beaucoup, & donne du relief
à la place qu'il occupe. Ne chargez
donc pas de Couleurs les endroits
que vous voulez faire tourner ; mais
bien ceux que vous voulez tirer hors
de la toile.

§ 385. (*Qu'il y ait une telle harmonie dans votre Tableau, que toutes les
Ombres n'en paroiffent qu'une.*) Il a
dit ailleurs, qu'après de grands Clairs
il faut de grandes Ombres, qu'il appelle des Repos. Ce qu'il entend par
ce Précepte-ci, eft, que tout ce qui
fe trouve dans ces grandes Ombres,
participe de la Couleur l'un de l'autre, en forte que toutes les differentes Couleurs, qui font bien diftinguées dans le Clair femblent n'être

qu'une dans l'Obscur par leur grande union.

386. (*Tout d'une Paste.*) C'est à dire, d'une même continuité de travail, & comme si le Tableau avoit été fait tout en un jour ; le Latin dit, tout d'une Palette.

388. (*Le Miroir vous apprendra,* *&c.*) Le Peintre doit avoir principalement égard aux Masses & à l'effet du Tout ensemble. Le Miroir éloigne les objets, & par conséquent il n'en fait voir que les Masses, dans lesquelles toutes les petites parties sont confonduës. Le soir, quand la nuit approche, vous ferez bien mieux cette observation ; mais non pas si commodément : car le temps propre à cela ne dure qu'un quart d'heure, le Miroir peut servir pendant tout le jour.

Puisque le Miroir est la regle & le maître des Peintres, en leur faisant voir leurs deffauts par l'éloignement & la distance où il chasse les Objets : concluez qu'un Tableau qui ne fait pas un bon effet de loin ne sçauroit être bien, & qu'il ne faut jamais finir fon Tableau , qu'auparavant on n'ait examiné d'une diftance affez confiderable , ou avec un Miroir, fi les Maffes du Clair-Obfcur & les Corps des Couleurs font bien diftribués. Le Georgion & le Corrége fe fervoient de cette methode.

§ 393. (*Pour ce qui eft des Portraits, &c.*) La fin des Portaits n'eft pas precifément , comme quelques-uns fe l'imaginent , de donner avec la reffemblance un air riant & agréable ; c'eft bien quelque chofe , mais ce n'eft pas affez. Elle confifte à exprimer le véritable tempérament des perfonnes que l'on reprefente , & à faire voir leur Phyfionomie. Si , par exemple , la perfonne que vous peignés eft naturellement trifte , il fe faudra bien garder de lui donner de la gayeté , qui feroit toujours quelque chofe d'étrange fur fon vifage. Si elle eft enjoüée , il faut faire paroître cette belle humeur par l'expreffion des Parties où elle agit & où elle fe montre. Si elle eft grave & majeftueufe , les ris trop fenfibles rendront cette Majesté fade & niaise. Enfin, un Peintre qui a de l'esprit, doit faire le discernement de toutes ces choses ; & s'il sçait la Physionomie, il aura bien plus de facilité & reüssira bien mieux qu'un autre. Pline dit, *Qu'Apelle faisoit ses Portraits si ressemblans, qu'un certain Physionomiste & Diseur de bonne avanture, au rapport d'Appion le Grammairien, disoit en les voyant, le temps au juste que devoit arriver la mort des personnes à qui ils ressembloient, ou en quel temps elle étoit arrivée, si la personne n'étoit plus en vie.*

403. (*Peignez le plus tendrement qu'il vous sera possible, & faites perdre insensiblement, &c.*) Non pas en sorte que vous fassiez mourir vos Couleurs à force de les tourmenter ; mais que vous les mêliez le plus promptement que vous pourrez, & que s'il y a moyen, vous ne retouchiez pas deux fois au même endroit.

403. (*Lumieres larges.*) C'est en vain que vous travaillez, si vous ne conservez vos Lumieres larges ; puis-

que sans elles votre Ouvrage ne sera jamais un bon effet de loin & que les petites Lumieres se confondent & s'effacent à mesure que vous vous éloignez du Tableau. Cette Maxime a toujours été celle du Correge.

§ 417. (*Doivent avoir du grand, & les Contours nobles ;*) comme les Ouvrages Antiques nous le montrent.

§ 422. (*Ainsi il n'y a rien de plus pernicieux à un Enfant qui , &c.*) L'on se met ordinairement sous la Discipline d'un Maître , dont on a bonne opinion , & dont on embrasse facilement la Maniére , laquelle prend racine & s'augmente à mesure qu'on le voit travailler , & que l'on copie ses Ouvrages. Elle arrive souvent à tel point , & fait de si grands progrès dans l'esprit du Disciple , qu'il ne peut donner son approbation à quelque autre maniere que ce soit , & ne croit pas qu'il y ait un plus habile homme que son Maître au reste du monde. Mais ce qui est en ceci de plus remarquable, c'est que l'on voit toujours la Nature semblable à la Maniere que l'on aime , &

dont on eſt inſtruit. Car cette maniere eſt comme un verre au travers duquel nous voyons les Objets, & qui
leur communique ſa Couleur, ſans
que nous nous en appercévions. Après
cela, voyez de quelle conſequence il
eſt de bien choiſir un Maître, & de
ſuivre dans les commencemens la
Maniere de ceux qui ont le plus approché de la Nature. Et combien
croyez-vous que les méchantes Manieres qui ont été en France, ont
fait de tort aux Peintres de cette Na-
tion, & le͏͏͏ ͏ été un obſtacle pour
connoître le b   ou pour y arriver
après l'avoir con͏. ? Les Italiens diſent à ceux qu'ils voyent infectés de
quelque méchante Maniere, qu'ils
ne ſçauroient quitter : *Si vous ne
ſçaviez rien, vour ſçauriez bien-tôt
quelque choſe.*

432. (*Cherchez tout ce qui aide votre Art & qui lui convient, fuyez tout
ce qui lui repugne.*) Ce précepte eſt
admirable : il faut que le Peintre l'ait
toujours preſent dans l'eſprit & dans
la mémoire ; c'eſt lui qui reſout les
difficultés que les Regles font naî-

tre, c'eft lui qui délie les mains &
qui aide l'entendement , c'eft lui
enfin qui met le Peintre en liberté,
puifqu'il lui apprend , qu'il ne doit
point s'affujettir fervilement & en
efclave aux Regles de fon Art ; mais
que les Regles de fon Art lui doivent être fujettes , en ne l'empê-
chant point de fuivre fon Genie qui
les paffe.

§ 434. (*Les Corps de diverfes na-*
tures agroupés enfemble , font plai-
fans à la vûë.) Comme les Fleurs,
les Fruits, les Animaux, les Peaux,
les Satins , les Velours, les belles
Chairs , les Argenteries , les Armu-
res , les Inftrumens de Mufique , les
Ornemens des Sacrifices Antiques ,
& mille autres diverfités agréables ,
dont le Peintre pourra s'avifer. Il eft
certain que la diverfité des Objets
recrée la vûe, quand ils font fans
confufion , & qu'ils ne diminuent en
rien la force du Sujet que l'on traite. L'expérience nous apprend , que
l'œil fe laffe de voir toujours les mêmes chofes, non feulement dans les
Tableaux, mais encore dans la Natu-

re. Car qui est-ce qui ne s'ennuiroit pas dans une plaine dénuée d'arbres, ou parmi une quantité de montagnes, qui ne feroient voir pour tout agrément que du haut & du bas ? Aussi pour satisfaire l'œil de l'entendement, les meilleurs Auteurs ont eu l'adresse de mettre dans leurs Ouvrages des digressions agréables, pour délasser l'esprit. La prudence en cela, comme en toute autre chose, est un grand guide : Et de même que les digressions trop longues, & qui emportent hors du Sujet, sont impertinentes ; ainsi qui voudroit sous pretexte de divertir les yeux, faire trouver dans un Tableau des varietés, qui alterassent la vérité de l'Histoire, feroit une chose très-ridicule.

435. *Aussi bien que les choses qui paroissent être faites avec facilité.)* Cette facilité attire d'autant plus nos yeux & nos esprits, qu'il est à présumer qu'un beau travail qui nous paroît facile, vient d'une main sçavante & consommée. C'est dans cette Partie qu'Apelle se sentoit plus fort que Protogene, lorsqu'il le blâ-

moit de ne sçavoir pas retirer sa main de dessus son Tableau, & de consumer trop de temps à son Ouvrage; & c'est pour cela qu'il disoit hautement, *Que ce qui portoit plus de préjudice aux Peintres, étoit leur trop d'exactitude, & que la plûpart ne sçavoient pas connoître ce qui étoit* ASSEZ. Il est vrai que cet *assez* est difficile à connoître, ce qu'il y a à faire est de bien penser à votre Sujet, & de quelle maniere vous le traiterez selon vos Regles & la force de votre Génie, & ensuite de travailler avec toute la facilité & toute la promptitude dont vous serez capable, sans vous rompre si fort la tête, & sans être si fort industrieux à faire naître des difficultés dans votre Ouvrage. Mais il est impossible d'avoir cette facilité, sans posséder parfaitement toutes les Regles de l'Art, & s'en être fait une habitude : car la facilité consiste à ne faire précisément que l'Ouvrage qu'il faut, & à mettre chaque chose dans sa place avec promptitude : ce qui ne se peut sans les Regles, qui sont des moyens assurés pour vous conduire, & pour terminer vos Ouvrages avec plaisir. Il est donc certain, contre l'opinion de plusieurs, que les Regles donnent de la Facilité, de la Tranquillité & de la promptitude aux esprits les plus tardifs, & que ces mêmes Regles augmentent & dirigent cette Facilité dans ceux qui l'ont déja reçuë d'une heureuse naissance.

D'où il s'ensuit que l'on peut considerer la Facilité de deux façons, ou simplement comme une diligence & une promptitude d'esprit & de main, ou comme une disposition dans l'esprit de lever promptement toutes les difficultés qui se peuvent former dans l'Ouvrage. La premiere vient d'un tempérament actif & plein de feu, & l'autre d'une véritable Science & de la possession des Regles infaillibles ; celle-là est agréable, mais elle n'est pas toujours sans inquiétude, parce qu'elle fait égarer souvent ; celle-ci au contraire fait agir avec un repos d'esprit & une tranquillité merveilleuse, car elle nous assure de la bonté de notre Ouvrage : c'est

beaucoup que d'avoir la premiere ;
mais c'eſt le comble de la perfection
de les avoir l'une & l'autre, telles que
les ont poſſedées Rubens & Vandeik, excepté la partie du Deſſein,
qu'ils ont trop négligée.

Ceux qui diſent que les Regles,
bien loin de donner de la Facilité,
embaraſſent l'eſprit & retiennent la
main, ſont ordinairement des gens
qui ont paſſé la moitié de leur vie
dans une mauvaiſe pratique, dont
l'habitude eſt tellement invetérée,
que de la vouloir changer par les
Regles, c'eſt les mettre tout d'un
coup hors d'état de rien faire, de
même que l'on rendroit muet, un
Païſan de quarante ans, que l'on
voudroit faire parler ſelon les Regles de la Grammaire.

Remarquez, s'il vous plaît, que la
Facilité & la Diligence, dont je viens
de parler, ne conſiſtent pas à faire ce qu'on appelle des traits hardis,
& à donner des coups de pinceau libres, s'ils ne font un grand effet
d'une diſtance éloignée : cette ſorte
de liberté eſt plutôt d'un Maître à
écrire,

crire, que d'un Peintre. Je dis bien
davantage, il est presque impossible
que les choses peintes paroissent
vrayes & naturelles, quand on y remarque ces sortes de traits hardis : &
tous ceux qui ont le plus approché de
la Nature, ne se sont pas servis de
cette Maniere de peindre. Tous ces
cheveux filés & ces coups de pinceau
qui forment des hachûres, sont à la
vérité admirables : mais ils ne trompent pas la vuë.

442. (*Et que vous n'ayez present
dans l'esprit l'effet de votre Ouvrage.*)
Si vous voulez avoir du plaisir en peignant, il faut avoir tellement pensé
à l'œconomie de votre Ouvrage,
qu'il soit entierement fait & disposé
dans votre tête avant qu'il soit commencé sur la toile : il faut, dis-je,
prévoir l'effet des Groupes, le Fond,
& le Clair-Obscur de chaque chose,
l'Harmonie des Couleurs, & l'intelligence de tout le Sujet, en sorte
que ce que vous mettrez sur la toile ne soit qu'une Copie de ce que
vous avez dans l'esprit. Si vous te-
nez cette conduite, vous n'aurez

V

pas la peine de changer & de rechanger tant de fois.

§ 443. (*Que l'Oeil soit satisfait au
préjudice de toutes sortes de raisons,
qui font naître des difficultés dans
votre Art, &c.*) Cet endroit regarde quelques licences en particulier,
que le Peintre doit prendre : & comme je ne desespére pas de traiter amplement de cette matiere, je remets
le Lecteur au temps de mon premier
loisir, pour le satisfaire là - dessus,
le moins mal que je pourrai. Il faut
toujours en général tenir pour certain que ces licences-là font bonnes,
qui contribuent à tromper les yeux
sans alterer la vérité du Sujet que
l'on traite.

§ 445. (*Tirez votre profit des Avis
des Gens doctes, & ne méprisez pas
avec arrogance d'apprendre, &c.*)
Parrasius & Cliton se trouverent fort
obligés à Socrate des Avis qu'il leur
donna sur les Passions. Voyez le
Dialogue qu'ils font ensemble dans
Xenophon sur la fin du 3. l. de ses
Memoires. *Ceux qui souffrent plus
volontiers d'être repris* (dit Pline le

Jeune) *sont ceux - là même en qui l'on trouve beaucoup plus à louer qu'aux autres.* Lysippus étoit ravi qu'Apelle lui dît son sentiment, comme Apelle reçevoit celui de Ly-sippus avec plaisir. Ce que dit Praxi-tele de Nicias, dans Pline, est d'un esprit bien fait & bien humble. *Pra-xitele interrogé lesquels de tous ses Ou-vrages il estimoit le plus, ceux, dit-il, que Nicias a retouchés ; tant il faisoit cas de sa Critique & de son Sentiment.* Vous sçavez ce qu'Apelle faisoit quand il avoit achevé quelque Ou-vrage. Il l'exposoit aux Passans, & se cachoit derriere, pour écouter ses défauts, dans la pensée d'en profiter quand on les lui auroit fait connoî-tre, sçachant bien que le peuple les examineroit plus rigoureusement que lui , & ne lui pardonneroit pas la moindre faute.

Les sentimens & les Conseils de plusieurs ensemble sont toujours pré-ferables à l'Avis d'une seule person-ne ; & Ciceron s'étonne comme il y en a qui s'enyvrent de leurs pro-ductions, & qui se disent l'un à l'au-

V ij

Tusc. l. 5.
tre. *Hé bien, si vos Ouvrages vous plaisent, les miens ne me deplaisent pas.* En effet, il y en a beaucoup qui par présomption, ou par la honte d'être repris, ne font pas voir leurs Ouvrages: mais il n'y a rien de pire; car Virgile 3. Georg. *le vice se nourrit & s'augmente quand on le tient caché.* Il n'y a que les fous (dit Horace) *à qui la honte fasse celer leurs ulceres, au lieu de les montrer, pour les faire guerir.*

L. 5. ep. 16. *Stultorum incurata malus pudor ulcera celat.*

Il y en a d'autres qui n'ont pas tout-à-fait cette sotte pudeur, qui demandent le sentiment d'un chacun avec prieres & avec instance : mais si vous leur dites ingenuëment leurs défauts, ils ne manqueront pas aussitôt d'en donner quelque mauvaise excuse, ou qui pis est, de vous sçavoir fort mauvais gré du service que vous aurez crû leur rendre, & qu'ils ne vous ont demandé que par grimace & par une certaine coûtume établie parmi la plûpart des Peintres. Si vous voulez vous mettre en quelque estime, & vous acquerir de la la réputation par vos Ouvrages , il n'y en a pas de meilleur moyen , que de les faire voir aux perſonnes de bons ſens , & principalement à ceux qui s'y connoiſſent & de recevoir leur avis avec la même douceur & la même ſincerité que vous les avez prié de vous le dire. Vous devez même être induſtrieux pour découvrir le ſentiment de vos ennemis , qui eſt pour l'ordinaire le plus véritable : car vous devez être aſſûré qu'ils ne vous pardonneront pas , & ne donneront rien à la complaiſance.

448. (*Mais ſi vous n'avez pas d'Ami ſçavant qui vous , &c.*) Quintilien en donne la raiſon , quand il dit. *Que le meilleur moyen de corriger ſes deffauts , eſt ſans doute de détourner pour quelque temps de notre vûë nos Deſſeins & nos Tableaux , afin qu'après quelque intervalle nous les regardions avec des yeux frais , comme un Ouvrage nouveau & ſorti d'une autre main que de la notre.* Nos Productions ne nous flatent toujours que trop , & il eſt impoſſible de ne les pas aimer au moment de leur naiſ-

sance ; ce sont des enfans dans un âge tendre, qui ne sont pas capables d'attirer notre haine. On dit que les Singes, si - tôt qu'ils ont mis leurs petits au monde, ont toujours les yeux collés dessus, & ne sçauroient se lasser d'en admirer la beauté ; tant la Nature est amoureuse de ce qu'elle produit.

§   458. (*Afin de cultiver les talens qui font son Génie, & qu'il a, &c. Qui sua metitur pondera ; ferre potest.*

Pour ne rien entreprendre au dessus de ses forces il faut s'étudier à les connoître, c'est une prudence de laquelle dépend notre réputation. Ciceron l'appelle *une bonne Grace* ; parcequ'elle nous fait voir dans notre lustre : Il dit, *Que c'est encore une bienséance que nous ferons facilement paroître, si nous sommes soigneux de cultiver ce que la Nature nous a donné comme en propre, pourvû que ce ne soit pas un vice ou une imperfection. Il ne faut rien entreprendre qui repugne à la Nature en general ; & lorsque nous lui aurons rendu ce devoir, nous de-*

vons suivre si religieusement notre propre Naturel, qu'encore qu'il se présente d'autres choses plus serieuses &
plus importantes, nous conformions
toujours nos etudes & nos exercices à
nos inclinations naturelles. Il ne sert
de rien de disputer contre la Nature,
de penser obtenir ce qu'elle refuse, &
de suivre éternellement ce qu'on ne
peut jamais atteindre : car, comme dit
le Proverbe, on ne fait rien qui puisse
plaire & qui soit bien-seant, s'il est
fait en dépit de Minerve, c'est à dire,
en dépit de la Nature. Après avoir
consideré toutes ces choses avec attention, il faut que chacun regarde ce que
la Nature lui a donné de particulier,
& qu'il le cultive soigneusement. Il
ne faut pas qu'il se mette en peine d'é-
prouver s'il lui sera bien-seant de se re-
vétir du Naturel d'autrui, & pour
ainsi dire, de représenter le personna-
ge d'un autre. Il n'y a rien qui nous
convienne mieux que ce qui nous est
particuliérement donné de la Nature.
Que chacun connoisse donc son esprit,
& que sans se flater, il juge lui-mê-
me de ses vertus & de ses vices, afin

qu'il ne semble pas qu'il ait moins de
prudence & de jugement que les Comé-
diens, qui ne choisissent pas toujours les
meilleures pieces , mais celles qui leur
sont les plus propres & qu'ils pourront mieux représenter. Ainsi nous devons nous arrêter aux choses pour lesquelles nous avons plus d'inclination ;
& s'il arrive quelquefois que la nécessité nous contraigne de nous appliquer à
celles à qui nous ne sommes pas enclins,
il faut faire en sorte par nos soins &
par notre industrie , que si nous ne les
faisons pas fort bien, du moins nous ne
les fassions pas si mal que nous en re-
cevions de la honte. Il ne faut pas tant
s'efforcer de faire paroître en nous les
vertus que nous n'avons pas , qu'il
faut éviter les imperfections qui nous
pourroient des-honorer. Ce sont-là les
sentimens & les paroles de Ciceron,
que je n'ai fait que traduire , en re-
tranchant seulement ce qui ne servoit de rien au Sujet : Je n'ai pas crû
y devoir rien ajoûter , & l'esprit du
Lecteur y trouvera sans doute dequoi
se satisfaire.

§ 464. (*En méditant sur ces veritésé,*

en

en les observant soigneusement, &c.)
Il y a une grande liaison de ce Précepte à cet autre, qui dit *Qu'aucun jour ne se passe sans tirer quelque ligne.* Il est impossible d'être habile homme sans se faire une habitude de son Art, & il est impossible d'acquerir une parfaite habitude sans une infinité d'actes & sans pratiquer continuellement. Dans tous les Arts, les Préceptes s'apprennent en très-peu de temps ; mais la perfection ne s'acquiert que par une longue pratique & par beaucoup de soin & de diligence. *Nous n'avons encore jamais vû que la paresse nous ait produit rien de beau* (dit Maxime de Tyr), & Quint. dit *Diss. 14;* *Que les Arts tirent leur commencement de la Nature, le besoin que l'on en a fait que l'on cherche les moyens de s'y rendre habile, & l'exercice les perfectionne entièrement.*

467. (*La plus belle & la meilleure partie de nos jours est celle du matin ;*) Parce que l'imagination n'est pas offusquée par les vapeurs des viandes , ni distraite par les visites qui ne se font pas ordinairement le

X

matin , & que l'esprit par le som-
meil de la nuit se trouve frais & de-
lassé de la fatigue de l'étude. Mal-
herbe dit fort bien à propos de ceci,
Le plus beau de nos jours est dans
leur matinée.

¶ 469. (*Qu'aucun jour ne se passe*
sans tirer quelque ligne ;) C'est-à-dire, sans travailler, sans donner quelque coup de pinceau, ou de crayon.
Ce Précepte est d'Apelle ; & il est
d'autant plus nécessaire, que la Peinture est un Art de longue haleine, &
qui ne s'apprend qu'à force de pratiquer. Michel Ange à l'âge de quatre-
vingts ans disoit qu'il apprenoit tous
les jours.

¶ 472. (*Soyez prompt à mettre sur*
vos Tablettes, &c.) Comme ont fait
le Titien & les Caraches. L'on voit
entre les mains des Curieux de Peinture quantité de remarques que ces
grands Hommes ont faites sur des
feüilles, & sur des Livres en Tablettes qu'ils portoient toujours sur
eux.

¶ 475. (*La Peinture ne se plaît pas*
trop dans le vin, ni dans la bonne chè-

re, *si ce n'est, &c.*) Pendant le temps Pl. 31. 10 que Protogene travailla à son Jalisus qui étoit le plus beau de tous ses Tableaux, il ne prit pour toute nourriture que des [a] legumes dans un peu d'eau, qui lui servoient de boire & de manger, de peur de suffoquer l'imagination par la delicatesse des viandes. Michel Ange ne prit que du pain & du vin à son dîner tant que dura l'Ouvrage de son Jugement Universel : & Vasari remarque dans sa vie, qu'il étoit si sobre qu'il ne dormoit que très-peu, & qu'il se levoit souvent la nuit pour travailler, n'en étant point empêché par les vapeurs des viandes.

479. (*Mais dans la liberté du Celibat.*) On ne voit jamais de fruits d'une beauté fort grande ni d'un goût fort exquis, lorsqu'ils viennent d'un arbre entouré de broussailles & d'épines. Le Mariage nous attire des affaires, il nous fait naître des procès & nous charge de mille soins domestiques, qui sont autant d'épines qui environnent le Peintre, & qui l'empêchent de produire des Ouvrages

[a] Des Lupins detrempez. Il y a dans l'original. *Lupinos madidos.*

dans la perfection dont il seroit capable. Raphaël, Michel Ange & Annibal Carache ne se sont jamais mariés ; & de tous les Peintres de l'Antiquité, on ne voit pas dans les Auteurs qu'aucun ait pris femme, si ce n'est Apelle, à qui le grand Alexandre fit present de Campaspe sa Maistresse. Ce qui soit dit sans conséquence du Sacrement de Mariage, qui attire beaucoup de benédiction dans les Familles par les soins d'une bonne femme. Si le Mariage est un reméde contre la concupiscence, il l'est doublement à l'égard des Peintres, qui sont plus souvent dans les occasions du péché que les autres, à cause du besoin qu'ils ont de voir le Naturel. Que chacun examine ses forces là-dessus, & qu'il prefere l'intérêt de son Ame à celui de son Art & de sa fortune.

§ 480. (*Elle s'éloigne autant qu'elle peut du bruit & du tumulte, pour, &c.*) J'ai dit sur la fin de la premiere Remarque, que la Peinture & la Poësie étoient l'une & l'autre appuyées sur les forces de l'Imagina-

tion : or il n'y a rien qui l'échauffe
davantage que le repos & la solitude ;
parce que dans cet état l'esprit étant
vuide de toutes sortes d'affaires, &
à couvert de l'embarras des visites
incommodes, il est plus capable de
former de belles pensées, & de s'y
appliquer.

Carmina secessum Scribentis & otia
quærunt.

La Poësie demande le repos & la
retraite. On en peut fort bien dire autant de la Peinture, à cause de la con-
formité qu'elle a avec la Poësie, comme je l'ai fait voir dans la premiere
Remarque.

484. (*Que les avares soins de de-*
venir riche ne vous, &c.) On voit
dans Pline que Nicias refusa * cent   * Soixante
mille livres du Roi Attalus, & qu'il   Talens.
aima mieux donner son Tableau à sa
Patrie. *J'ai demandé à un homme de*
grande prudence (dit un Auteur gra-   Arbitre.
ve) en quel temps avoient été faits
les beaux Tableaux que nous voyons,
& qu'il m'expliquat quelques-uns de
leurs Sujets que je n'entendois pas tout-
à fait bien. Je lui demandai aussi la

cause de cette grande negligence que l'on remarque presentement dans les Ouvriers, & d'où vient que les plus beaux Arts sont ensevelis, & principalement la Peinture, dont on ne voit presentement que l'Ombre. A quoi il me répondit que le desir immoderé des richesses avoit donné lieu à ce changement : car anciennement que la vertu toute nuë avoit des charmes, les beaux Arts étoient dans leur vigueur ; & s'il y avoit quelque debat entre les hommes, c'étoit à qui découvriroit le premier quelque chose qui fût utile à la posterité. Lysippe & Miron, ces Illustres Sculpteurs, qui sçurent donner une ame au bronze, ne trouverent point d'heritiers après leur mort ; parce qu'ils furent plus soigneux de s'acquerir de la gloire que de l'argent. Mais pour nous autres, il semble par notre conduite que nous reprochions à l'Antiquité d'avoir été trop avide de la vertu, comme nous le sommes du vice. Ne vous étonnez donc pas si la Peinture a perdu ses forces & sa vigueur, puisque les hommes trouvent une masse d'or plus belle cent fois que tout ce qu'a fait Apelle & Phidias, & tout ce que la Grece a produit de plus beau. Je ne demanderois pas cette grande sevérité parmi nos Peintres : car je sçai que l'esperance du gain est un merveilleux aiguillon dans les Arts, & qu'elle donne de l'industrie ; d'où vient que Juvenal dit des Grecs mêmes, qui ont été les Inventeurs de la Peinture, & qui en ont les premiers connu toutes les graces & la perfection.

Græculus esuriens in Cœlum, jus- Sat. 5. *seris, ibit.*

Mais je voudrois que cette même espérance en les flatant ne les corrompît point, & ne fût pas capable de leur tirer des mains un Ouvrage imparfait & mal-arrêté, pour avoir été fait trop à la hâte & sans reflexion.

487. (*Les qualités, &c.*) Dans la vérité il y en a bien peu qui ayent les qualités que notre Auteur demande ; aussi y a-t-il bien peu d'habiles Peintres. Il n'étoit autrefois permis qu'aux Nobles d'exercer la Peinture ; parce qu'il est à présumer

que toutes ces qualités ne se rencontrent pas ordinairement parmi des gens
de baſſe naiſſance ; & l'on peut ap-
paremment eſperer que s'il n'y a point
d'Edit en France qui ôte la liberté
de peindre à ceux à qui la naiſſance
a refuſé un ſang noble , du moins
que l'Academie Royale n'admetrra
dorénavant que ceux à qui toutes
les bonnes qualités & tous les talens
néceſſaires pour la Peinture , tien-
dront lieu de naiſſance. Il eſt certain
que ce qui avilit la Peinture , & ce
qui la fait deſcendre juſqu'à la baſſeſſe des Métiers les plus mépriſa-
bles , eſt le grand nombre de Peintres qui n'ont ni eſprit ni talent , &
quaſi pas même de ſens - commun.
L'origine de ce grand mal eſt , que
l'on a toujours admis dans les Ecoles
de Peinture toute ſorte d'enfans indifferemment , ſans les examiner &
ſans obſerver durant quelque temps
s'ils ſont conduits à ce bel Art par la
diſpoſition de leur eſprit & par les
talens néceſſaires , plutôt que par
une folle inclination ou par l'avarice
de leurs parens, qui les mettent dans

la Peinture comme dans un Métier qu'ils croyent peut-être un peu plus lucratif qu'un autre. Ces qualités sont, d'avoir.

LE JUGEMENT BON, pour ne rien faire contre la raison & la vrai-semblance.

L'ESPRIT DOCILE, pour profiter des enseignemens, & pour recevoir sans arrogance le sentiment d'un chacun, & principalement des gens éclairés.

LE CŒUR NOBLE, pour avoir plutôt en vûë la gloire & la réputation que les richesses.

LE SENS SUBLIME, pour concevoir promptement, pour produire de belles Idées, & pour traiter les Sujets d'une maniere haute, où l'on puisse remarquer du fin, du délicat, & du précieux.

DE LA FERVEUR, pour arriver au moins jusqu'à un certain degré de perfection, sans se lasser des études que demande la Peinture.

DE LA SANTÉ, pour resister à la dissipation des esprits, qui se fait dans l'application.

DE LA JEUNESSE, parce que la Peinture demande beaucoup d'expérience & de pratique.

DE LA BEAUTÉ, parce que le Peintre se peint toujours dans ses Tableaux, & que la Nature aime à produire son semblable.

LA COMMODITÉ DES BIENS, pour avoir tout le temps d'étudier & de travailler en repos, sans être troublé de l'image affreuse & terrible de la pauvreté.

LE TRAVAIL, parce que la Theorie n'est rien sans la Pratique.

L'AMOUR POUR SON ART. Nous ne souffrons jamais dans le travail que nous aimons ; & s'il arrive que nous y souffrions, nous en aimons la peine.

ET D'ETRE SOUS LA DISCIPLINE D'UN SÇAVANT MAÎTRE ; parce que tout dépend quasi des commencemens, & qu'ordinairement l'on prend la Maniere de son Maître, & que l'on se fait à son goût. Voyez le vers 422 & la Remarque que j'ai faite dessus.

Toutes ces belles qualités seront

ingrates & comme inutiles au Peintre, si les dispositions exterieures n'y
répondent, je veux dire, le temps
favorable, comme est celui de la
Paix, qui est la Nourice des beaux
Arts. Il faut encore l'occasion, pour
faire voir par quelque Ouvrage con-
siderable ce que l'on sçait faire, &
un Protecteur qui soit une personne
d'autorité, qui prenne en quelque
façon le soin de notre fortune, &
qui sçache dire du bien de nous en
temps & lieu. *Il importe beaucoup*
(dit Pline le Jeune) en quel temps la 6. 23.
vertu paroisse, & il n'y a point d'es-
prit, quelque beau qu'il soit, qui puis-
se tout d'un coup se faire connoître : il
faut pour cela le temps, l'occasion,
& une personne qui nous aide de sa
faveur, qui nous protege & nous ser-
ve de Mæcenas.

496. (*Et la vie est si courte qu'el-* ¶
le ne suffit pas pour un Art de si longue
haleine.) Non seulement la Peinture, mais tous les Arts consideré en
eux - mêmes demandent un temps
presque infini, pour les posseder parfaitement. C'est dans ce sens - là

qu'Hyppocrate commence ſes Apho-
riſmes , en·diſant. *Que l'Art eſt
long , & la vie courte* : Mais ſi nous
conſiderons les Arts comme ils ſont
en nous-mêmes & ſelon certain degré de perfection , ſuffiſant pour faire
voir que nous les poſſedons au deſſus
du commun , nous ne trouverons pas
que la vie ſoit trop courte , pourvû
que nous en voulions employer le
temps. Il eſt vrai que la Peinture eſt
un Art difficile & d'une grande en-
trepriſe : mais il ne faut pas pour cela
que ceux qui ont les talens néceſſaires ſe rebutent & perdent courage.

Vegetius de re militari l. 2.

*Le travail paroît toujours difficile
avant qu'on en ait eſſayé.* On a trouvé comme impoſſible le paſſage des
Mers & la connoiſſance des Aſtres ,
dont néanmoins on eſt venu facilement à bout par l'expérience. *Il eſt*

L. 1. de Fin.

honteux (dit Ciceron) *de ſe laſſer
en cherchant, quand ce que l'on cherche eſt une belle choſe.* Ce qui nous
fait perdre plus de temps eſt la re-
pugnance que nous avons pour le travail, & l'ignorance, la malice, & la
négligence de nos Maîtres. Nous en

confumons une partie à nous promener,
à caufer inutilement, à faire des vi-
fites ou à les reçevoir, nous en don-
nous au jeu & à tous les plaifirs qui
nous flatent, fans compter celui que
nous perdons dans le trop grand foin
que nous avons de notre corps, & dans
le fommeil que nous prolongeons
quelquefois bien avant dans le jour :
& nous paffons ainfi la vie que nous
trouvons fi courte ; parce que
nous comptons plutôt les années
que nous avons vécu, que celles
que nous avons employées à l'étude.
Il a bien fallu que ceux qui ont été
devant nous ayent franchi toutes les
difficultés pour arriver à la perfection que nous montrent leurs Ouvrages, encore qu'ils n'ayent pas
eu tous les avantages que nous avons,
& que perfonne n'ait travaillé pour
eux, comme ils ont fait pour nous.
Car il eft conftant que les Maîtres
de l'Antiquité & ceux des derniers
fiécles nous ont laiffé tant de beaux
Exemplaires, qu'on ne peut pas
voir un âge plus heureux que le
nôtre, & principalement fous le

Regne de notre Roi, qui flate tous les beaux Arts, & qui n'épargne rien pour leur faire part de la felicité dont il comble son Empire, & pour les conduire avantageusement jusqu'à un suprême degré d'excellence, qui soit digne de sa Majesté & du souverain amour qu'il leur porte. Mettons donc la main à l'œuvre, sans nous intimider de l'espace du long-temps que peut demander l'étude. Mais songeons bien serieusement à y tenir un bon ordre, & à suivre une methode prompte, diligente & bien entenduë.

§ 500. (*Courage donc, chers Enfans de Minerve, qui êtes nez sous l'influence d'un Astre benin.*) Notre Auteur ne prétend pas semer ici en terre ingrate, où ses Préceptes ne feroient aucun fruit. Il parle aux jeunes Peintres ; mais seulement à ceux *qui sont nez sous l'influence d'un Astre benin :* c'est-à-dire, à qui la naissance a donné les dispositions nécessaires, pour devenir habiles : & non pas à ceux qui embrassent la Peinture par caprice, par une folle inclination, ou par intérêt, & qui ne sont pas capables de recevoir des Regles, & qui en feroient un mauvais usage après les avoir reçuës.

509. (*Pour bien faire*, &c.) Notre Auteur ne parle point ici des premiers commencemens du Dessein comme du maniement du crayon, du juste rapport que doit avoir la Copie avec son Original, &c. Il suppose, avant que de commencer ses études, que l'on doit avoir une facilité dans la main, pour imiter les beaux Desseins, les beaux Tableaux, & la Ronde bosse ; que l'on doit enfin s'être fait une Clef du Dessein, pour entrer chez Minerve, où toutes les belles choses se trouvent en abondance, & s'offrent à nous, pour en profiter selon nos soins & notre Génie.

589. (*Vous commencerez par la Géométrie.*) Parce que c'est le fondement de la Perspective, sans laquelle vous ne pouvez rien faire en Peinture. La Géométrie est encore très - utile pour l'Architecture & pour tout ce qui en dépend. Elle est

fpécialement néceſſaire aux Sculpteurs.

§ 510. (*Mettez-vous à Deſſiner d'a-
près les Antiques Grecques ;*) parce
qu'elles ſont la Regle de la Beauté,
& qu'elles nous donnent le bon goût.
Il eſt donc fort à propos, génerale-
ment parlant, de s'y attacher : mais
en particulier voici le fruit que je
voudrois que l'on en tirât.

Apprendre par cœur quatre airs de
tête, d'homme, de femme, d'enfant, & de vieillard, je veux dire,
celles qui ont l'approbation la plus
genérale : par exemple, celle d'A-
pollon, de la Venus de Medicis, du
petit Neron & du Tibre. Ce ſeroit
un bon moyen de les apprendre, ſi
en ayant deſſiné une d'après la boſſe,
on la deſſinoit incontinent après ſans
rien voir, examinant enſuite ſi elle
eſt conforme au premier Deſſein ;
s'exerçant ainſi ſur une même tête,
en la tournant de dix ou douze côtés,
Il faudra faire la même choſe pour
des pieds, des mains, & enſuite
pour des Figures toutes entiéres; mais
pour connoître la beauté de ces Figures

gures & la justesse de leurs Contours :
il faut nécessairement sçavoir l'Anatomie. Quand je parle de quatre
Têtes & de quatre Figures ; je ne
prétens pas empêcher que l'on n'en
dessine quantité d'autres après cette
étude ; mais je veux seulement montrer par là , qu'une grande varieté de
choses en même temps dissipe l'imagination & empêche tout le profit,
de même que la trop grande diversité des viandes ne se digére pas facilement , elle gâte l'estomac au lieu
de nourrir les parties.

511. (*Et ne vous donnez point de*
relâche ni jour ni nuit , qu'aupara-
vant , &c.) Dans les premiers principes , les Etudians n'ont pas tant
besoin de Préceptes comme de Pratique : & les Antiques étant la Regle de la Beauté , l'on peut s'exercer
à les imiter , sans qu'il y ait rien à
craindre du côté des mauvaises ha-
bitudes & des mauvaises idées qui se
peuvent former dans un jeune esprit.
Ce n'est pas comme dans l'Ecole
d'un Maître dont la maniére & le
goût font mauvais , & chez lequel

un Jeune - homme se gâte d'autant
plus qu'il s'exerce.

§ 513. (*Et ensuite lors que le Juge-*
ment se sera fortifié, & sera, &c.)
On a besoin d'avoir l'esprit formé &
le jugement mûr, pour faire l'application de ces Regles sur les bons Tableaux, & pour n'en prendre que le
bon : car il y en a qui s'imaginent que
tout ce qui se trouve dans le Tableau
d'un Maître qui a de la réputation,
doit être bon, & ces gens-là ne
manquent jamais en copiant de s'attacher aux mauvaises choses comme
aux bonnes, de les remarquer d'autant plus qu'elles leur paroissent extraordinaires, & ensuite de s'en faire une Loi & un Précepte. Il ne faut
pas aussi en prendre le bon d'une maniére crue & grossiére, en sorte que
l'on reconnoisse dans vos Ouvrages
que ce qu'il y a de plus beau vient
d'après un tel Maître : mais imitez
en ceci les abeilles, qui vont dans
les campagnes cüeillir de chaque
fleur ce qu'elles en trouvent de plus
propre pour en faire leur miel. Ainsi
il faut que le jeune Peintre ramasse de

pluſieurs Tableaux ce qu'il en trouvera de meilleur, & que de tout cela il ſe forme une maniére qui lui ſoit propre.

520. (*Une certaine Grace qui lui étoit toute particuliére.*) Raphaël eſt comparable en cela à Apelle, qui en loüant les Ouvrages des autres, diſoit, que cette Grace leur manquoit, & qu'il voyoit bien qu'il n'y avoit que lui ſeul qui l'eût en partage. Voyez la Remarque ſur le deux cent dix-huitiéme Vers.

522. (*Jules Romain élevé dès ſon enfance dans les Pays des Muſes.*) Il veut dire dans les Lettres humaines, & principalement dans la Poëſie qu'il aimoit extrémement. Il ſemble qu'il ait formé ſes idées, & ſe ſoit fait le goût dans la lecture d'Homére, & en cela il auroit imité Polignote & Zeuxis, leſquels (au rapport de Maxime de Tyr) traitoient leurs Sujets dans leurs Tableaux, comme Homére dans ſa Poëſie.

Voyez à la ſuite de ces Remarques les ſentimens de notre Auteur ſur les principaux & les meilleurs Pein-

tres du Siécle Précedent : il en dit
ingenuëment & en peu de mots le
fort & le foible.

§ 542. (*Je passe sous silence beau-*
coup de choses que vous apprendrez
dans le Commentaire.) L'on voit par
là combien nous perdons & le préjudice que nous fait la mort, cette en-
vieuse du bonheur des hommes, puisque ces Commentaires auroient sans
doute contenu des choses très-bonnes
& fort instructives.

§ 544. (*Donner en garde aux Mu-*
ses ;) c'est-à-dire, d'écrire en Poësie, laquelle est sous leur protection;
& leur est consacrée.

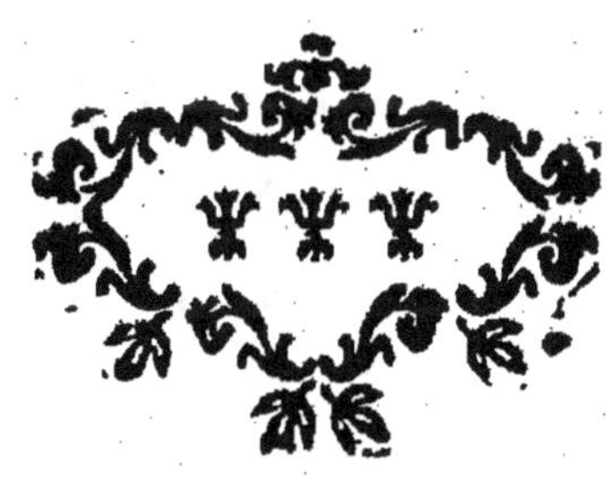

SENTIMENS
DE CHARLES ALPHONSE
DU FRESNOY,
SUR LES OUVRAGES
des principaux & meilleurs Peintres des derniers Siécles.

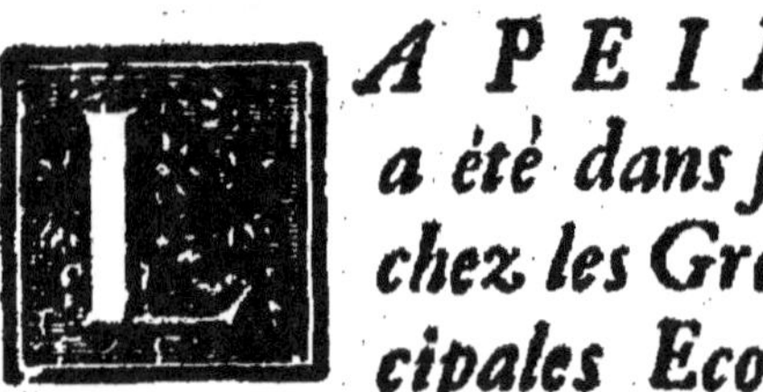

L*A PEINTURE a été dans sa perfection chez les Grecs. Ses principales Ecoles étoient à Sicyone, à Rhodes, à Athenes, à Corinthe; & enfin à Rome. Les guerres & le luxe ayant dissipé l'Empire Romain, elle s'éteignit entiérement avec tous les beaux Arts, les belles Lettres, & le reste des autres Sciences. Elle recommença à paroître en 1450 par=*

mi quelques Peintres Florentins, entre lesquels D O M E N I C O G H I R L A N D A I, Maître de Michel Ange, eut quelque nom, quoique sa Maniére fût Gothique & très-seche.

MICHEL ANGE, son Disciple, parut du temps de Jules II. Leon X. Paul III. & jusques à huit Papes suivans. Il fut Peintre, Sculpteur & Architecte civil & militaire. Le choix qu'il a fait des Attitudes n'a pas toujours été excellent ni agreable. Son goût de dessiner ne se peut pas dire des plus fins, ni ses Contours des plus élegans. Ses plis ni ses accommodemens ne sont pas bien beaux. Il est assez bizarre & extravagant dans ses compositions, temeraire & hardi pour prendre des licences contre les Regles de la Perspective. Son Coloris n'est pas fort vrai, ni plaisant. Il a ignoré

l'Artifice du Clair-Obscur. Il a dessiné le plus doctement, & a mieux
sçû tous les attachemens des os, la
fonction & la situation des mufcles, qu'aucun Peintre que nous
ayons d'entre les Modernes. Il a une
certaine grandeur & sevérité dans
ses Figures, qui lui a réüssi en
beaucoup d'endroits. Mais sur tout
il a été le plus grand Architecte qui
se trouve de notre connoissance,
ayant passé même les Anciens. S.
Piere de Rome, S. Jean de Floren-
ce, le Capitole, le Palais Farnese,
& sa Maison en font foi. Ses Disciples furent, Marcel Venuste, André de Vattere, le Rosse, George
Vasare, Fra Bastian, lequel pei-
gnoit ordinairement pour lui, &
quantité d'autres Florentains.

PIERRE PERUGIN a dessiné
avec assez d'intelligence du Naturel, mais il est sec & aride & de petite Maniere. Il a eu pour Disciple,

RAPHAEL SANTIO, qui naquit le *Vendredy-Saint* de l'année 1483 & qui mourut en 1520 le même jour du *Vendredy-Saint*, de sorte qu'il n'a vécu que 37 ans. Il a surpassé tous les *Peintres Modernes*, pour avoir eu plus de *Parties* excellentes toutes à la fois, & l'on croit qu'il a égalé les *Anciens*, à la reserve qu'il n'a pas dessiné le *Nud* si doctement que *Michel Ange* : mais son *Goût* de dessiner est bien plus pur & bien meilleur. Il n'a pas peint de si bonne, de si pleine, ni de si gracieuse maniere que le *Correge*, ni il n'a point eu un *Contraste* de *Clair-Obscur* & de *Couleur* si fier & si débroüillé que le *Titien* : mais il a mieux disposé sans comparaison que le *Titien*, que le *Corrége*, que *Michel Ange*, & que tous les autres *Peintres* qui sont venus depuis. Son élection d'*Attitudes*, de testes, & d'ornemens, ses accommodemens de *Draperies*,

sa

sa Maniere de deſſiner, ſes Variétés, ſes Contraſtes, ſes Expreſſions ont été parfaitement belles: mais ſur tout il a poſſedé les Graces avec tant d'avantage, que nous ne voyons pas que perſonne en approche. Il ſe voit des Portraits de lui très-bien traités. Il a été excellent Architecte. Il a été beau & de belle taille, civil & bienfaiſant, ne refuſant à perſonne de montrer ce qu'il ſçavoit. Il a eu pluſieurs Diſciples, entre autres Jules Romain, Polidor, Gaudens, Jean d'Udine, & Michel Coxis. Son Graveur a été Marc-Antoine, dont les Eſtampes ſont admirables pour la correction des Contours.

JULES ROMAIN fut le plus excellent de tous les Diſciples de Raphaël; il a eu même des conceptions plus extraordinaires, p'us profondes & plus relévées que ſon Maître. Il fut auſſi grand Architecte, d'un Goût pur & net: grand imita-

teur des Anciens, témoignant par
tout ce qu'il a produit, qu'il eut bien
voulu remettre en usage les mêmes
Formes & Fabriques qui étoient aux
Siecles passés. Il a eu le bonheur de
trouver des personnes puissantes qui
lui ont donné creance pour des Edifices, des Vestibules & des Portiques
tous tetrastiles, Xistes, Theatres, &
autres tels lieux, que nous n'avons
plus en usage. Il a eu l'election des
Attitudes merveilleuse. Sa Maniere
a été la plus dure & la plus seche de
toute l'Ecole de Raphaël. Il n'a pas
fort bien entendu le Clair-Obscur,
non plus que la Couleur. Il est rigi-
de & mal-gracieux en plusieurs endroits. Les plis de ses Draperies ne
sont ni beaux, ni grands, ni faciles,
ni naturels; mais tous imaginaires
& qui donnent un peu dans les habits des méchans Comediens. Il a
été très-sçavant dans les belles Lettres. Ses Disciples sont Pirro Ligo-

rio, admirable pour les *Fabriques
Antiques*, comme pour les *Villes*, les
Temples, les *Tombeaux*, les *Tro-
phées*, & la situation de tous les *Edifices Anciens*; *Eneas Vico*, *Bona-
sone*, *George Mantuan* & autres.

POLIDOR, Disciple de *Raphaël*, a merveilleusement dessiné de
pratique, ayant un Génie particulier
pour les *Frises*, comme on le voit
par celles de blanc & noir qu'il a
peintes à *Rome*. Il a imité l'Antique, mais d'une manière plus grande que *Jules Romain*; toutefois *Jules* semble être plus vrai. Il se trouve dans ses Ouvrages des Groupes
admirables, & tels qu'il ne s'en voit
point de pareils autre part. Il a colorié fort rarement ; & il a fait des
Païsages d'assez bon Goût.

A Venise JEAN BELIN ;
l'un des premiers qui fut considéré,
peignit extrémément sec, selon la
manière de son temps. Il sçut fort,

bien l'Architecture & la Perspective. Il fut le premier Maître du
Titien, comme il se voit par les
premiers Ouvrages de cet illustre
Disciple, dans lesquels on remarque
une propreté de Couleur telle que
son Maître l'a observée.

Environ ce temps-là le Georgion,
contemporain du Titien, vint à exceller pour les Portraits & pour les
grands Ouvrages. Ce fut lui qui
commença à faire election des Couleurs fiéres & agreables, dont on vit
ensuite la perfection & l'entiére harmonie dans les Tableaux du Titien.
Il accommoda très-bien les Figures,
& l'on peut dire que sans lui on
n'auroit pas vû le Titien à un si haut
degré, à cause de l'emulation &
de la jalousie qui étoit entr'eux.

LE TITIEN a été un des plus
grands Coloristes qui ayent été au
monde. Il a dessiné avec beaucoup
plus de facilité & de pratique que le

Georgion. Il se voit de lui des femmes & des enfans admirables de Dessein & de Couleur, le Goût en étant délicat, mignon, noble avec une certaine négligence agréable de coëffures, de Draperies, & d'accommodement qui lui sont tout particuliers. Pour des Figures d'hommes, il ne les a pas des mieux dessinées ; il y a même de lui quelques Draperies qui sont un peu tristes & de petit Goût. Sa Peinture est extrement fiere, suave & precieuse. Il a fait des Portraits merveilleusement beaux, les Attitudes en étant belles, graves, variées, & ornées, d'une façon très-avantageuse. Personne n'a jamais fait le Paisage de si grande maniere, de si bonne Couleur, ni qui fist voir tant de vérité. Durant huit ou dix ans, il copia à toute rigueur ce qu'il faisoit, afin de se faire un chemin facile, & de s'établir des Maximes generales. Ou-

tre cet excellent Goût de Couleur ;
qu'il a eu par dessus les autres, il a
sçu parfaitement donner à chaque
chose les touches qui leur étoient convenables, qui les distinguoient les
unes des autres, & qui leur don-
noient plus d'esprit & plus de vérité.
Les Tableaux qu'il a faits au commencement & sur le declin de sa vie,
sont de maniere seche & menuë. Il a
vécu 99 ans. Ses Disciples furent
Paul Veronese, Jacques Tintoret,
Jacques Dupont, Bassan, & ses
freres.

PAUL VERONESE a été très-
gracieux dans ses Airs de femmes.
Il a eu une grande diversité de draperies luisantes avec une vivacité
& une facilité incroyable : toutefois
sa Composition est barbare, & son
Dessein n'est point correct ; mais le
Coloris, & tout ce qui en dépend est
si admirable dans ses Tableaux,
qu'il surprend d'abord, & fait oublier

les autres Parties qui y manquent.

TINTORET, Diſciple du Ti-
tien, grand Deſſinateur, Praticien,
& quelquefois grand Strapaſſon,
avoit un Génie admirable pour la
Peinture, s'il y eût mis autant d'affection & de patience comme il a-
voit de feu & de vivacité. Il a fait
des Tableaux qui n'ont pas moins de
beauté que ceux du Titien. Sa compoſition & ſes accommodemens ſont
barbares pour l'ordinaire, & ſes
Contours ne ſont pas bien purs. Son
Coloris & tout ce qui en dépend eſt
admirable.

LES BASSANS ont eu en Peinture un Goût plus pauvre & plus
miſerable que le Tintoret, & ont encore moins deſſiné que lui. Ils ont eu
un excellent Goût de Couleur, &
ont touché les Animaux de très-bonne maniere; mais ils ont été fort
barbares dans la Compoſition &
dans le Deſſein.

Z iiij

À Parme LE CORREGE a peint deux grandes Coupoles à fresque & quelques Tableaux d'Autel. Ce Peintre a eu pour des Vierges, des Saintes & des Enfans de certaines naïvetés gracieuses, qui lui ont été particuliéres. Sa maniere est très-grande & de dessein & de travail, quoique sans correction. Son Pinceau est des plus agreables & des plus faciles ; & l'on peut dire qu'il a peint avec une force, un relief, une douceur & une telle vivacité de Couleurs, qu'en cela il ne se peut rien de plus. Il a sçû distribuer ses Lumieres d'une façon toute particuliére, & qui donne une grande force & une grande rondeur à ses Figures. Cette maniere consiste à étendre la Lumiere large, & à la faire perdre insensiblement dans les Bruns qu'il a placés hors des masses, & qui leur donne une grande rondeur, sans que l'on s'apperçoive d'où procéde une si

grande force & une ſi grande ſatisfaction à la vûë; il ſemble en cela a-
voir été ſuivi des autres Lombards.
Il n'a point eu l'élection des belles
Attitudes, ni la diſtribution des
beaux Groupes. Son Deſſein ſe trouve ſouvent eſtropié, & les Poſitions
n'y ſont pas beaucoup obſervées. Les
Aſpects de ſes Figures ſont deplai-
ſans en beaucoup d'endroits : mais
ſa maniere de deſſiner les têtes, les
mains, les pieds & les autres parties
eſt très-grande, & très-bonne a imiter. Pour conduire & finir un Tableau, il a fait des miracles; car il a
peint avec tant d'union, que ſes plus
grands Ouvrages paroiſſent avoir
été faits en un ſeul jour, & ſemblent
être vûs comme dans un miroir. Son
Païſage eſt beau à proportion de ſes
Figures.

LE PARMESAN vivoit au
même temps que le Correge. Il a colorié d'une grande maniere & a été

excellent pour l'Invention & pour le Deſſein, avec un Génie plein de gentilleſſe & d'eſprit, n'ayant rien de barbare dans ſon choix d'Attitudes & dans les accommodemens de ſes Figures : ce qui ne ſe pourroit pas dire du Correge. Il ſe voit du Parmeſan de très-belles choſes & bien correctes.

Ces deux Peintres eurent de très-bons Diſciples ; mais il n'y a que ceux du Pays qui les connoiſſent, encore n'y a-t-il pas grande aſſurance à ce qu'ils en diſent ; car la Peinture y eſt entiérement éteinte.

Je ne dis rien de Leonard de Vinci, parceque je n'en ai vû que très-peu de choſe, quoi qu'il ait réveillé les Arts à Milan, & qu'il y ait eu pluſieurs Diſciples.

LOUIS CARACHE, oncle d'Annibal & d'Antoine, étudia à Parme d'après le Correge, & excella dans le Deſſein & dans le Coloris avec une grace & une candeur que le Guide, Disciple d'Annibal, imita ensuite avec beaucoup de succès. Il se voit de lui des Tableaux très-beaux & très-bien conduits. Il faisoit sa residence ordinaire à Bologne & ce fut lui qui mit le crayon dans les mains d'Annibal son neveu.

ANNIBAL passa bien-tôt son Maître en toutes les Parties de la Peinture, il a contrefait le Correge, le Titien , & Raphaël en differens Tableaux quand il a voulu, excepté que l'on n'y voit point la Noblesse, les Graces & la Délicatesse de Raphaël, & que ses Contours ne sont pas si purs ni si élegans : du reste il est fort accompli & fort universel. Sa maniere de dessiner & de peindre est grande & excellente , possedant puissamment & avec un Génie admirable tout ce qu'il sçavoit.

AUGUSTIN, frere d'Annibal, a été aussi un fort bon Peintre & un

276

fort excellent Graveur. Il eut un bâtard nommé ANTOINE, qui mourut à 23 ou 24 ans, que l'on estimoit assurément devoir surpasser Annibal son oncle: car, à ce qui se voit de lui, il semble qu'il prenoit un plus grand vol.

LE GUIDE imita principalement Louis Carache, & retint toujours la façon de peindre de son Maître Laurent le Flamand, qui demeuroit à Bologne, & qui étoit compétiteur & émule de Louis Carache. Le Guide se servoit d'Albert Durer, comme Virgile du Poëte Ennius, & remettoit cela à sa maniere avec tant de grace & de beauté, que lui seul a plus touché d'argent, & s'est acquis plus de reputation en son temps, que ses Maîtres, & que tous les Disciples de l'Ecole des Caraches, qui étoient bien plus capables que lui. Ses Têtes ne cedent en rien à celles de Raphaël.

SISTE BADALOCCHI a mieux deſſiné que les autres Diſciples : mais il mourut jeune.

L'ALBANE fut excellent en toutes les Parties de la Peinture, & ſçut les belles Lettres.

LE DOMIMIQUIN fut un Peintre très-ſçavant, & qui fatigua beaucoup, n'étant pas autrement avantagé de la Nature. Il a été très-profond en tout ce qui dépend de la Peinture ; neanmoins il ſemble qu'il ait eu moins de Nobleſſe que tous les autres Diſciples des Caraches.

JEAN LANFRANC avoit un grand eſprit & un grande vivacité, il ſe maintint long-temps dans un excellent goût de deſſein & de Couleur ; mais n'étant fondé que ſur la Pratique, il lâcha bien-tôt le pied pour la Correction, de ſorte que l'on voit pluſieurs choſes de lui fort ſtrapaſſées, & où il n'y a pas grande raiſon. Au reſte, tous ces Diſciples de puis la mort de leur Maître font toujours allés en diminuant dans toutes les Parties de la Peinture.

LE VIOLE apprit à faire des Païsages étant fort âgé. Ce fut Annibal qui prit plaisir à lui montrer; & il s'en voit de lui de beaux à merveille & bien coloriés.

Du côté de l'Allemagne & des Païs-bas, Albert Durer, Lucas Aldegrave, Isbin & Olbins vécurent tous de même temps, parmi lesquels ALBERT & OLBINS furent très-sçavans, & ils auroient été de la premiere Classe s'ils eussent vû l'Italie : car on ne les peut blâmer que d'avoir eu le goût Gothique, & principalement Albert. Pour Olbins, il a porté l'exécution plus avant que Raphaël; & j'ay vû un Portrait de lui, qui en mettoit à bas un autre du Titien.

Entre les Flamands nous avons eu RUBENS, Homme à qui la

naiſſance avoit donné un eſprit vif,
délié, doux & univerſel. Son Génie
étoit capable de l'élever non ſeulement au rang des Anciens Peintres,
mais même aux Emplois les plus
grands ; auſſi fut-il choiſi pour l'une
des plus belles Ambaſſades qui ayent
été de nos jours. Son Goût de Deſſein ſent plutôt le Naturel Flamand
que la beauté de l'antique ; parce
qu'il a été très-peu de temps à Rome. Quoique dans tout ce qu'il a
fait on remarque de la grandeur &
de la nobleſſe, néanmoins l'on peut
dire, generalement parlant, qu'il a
mal deſſiné : Mais pour les autres
Parties de la Peinture, il les a pe-
nétrées & poſſedées autant qu'aucun
autre Peintre. Ses principales études
ont été faites en Lombardie, & particulierement d'après les œuvres du
Titien, de Paul Veroneſe, & du
Tintoret, leſquels il a (pour ainſi
dire) tout écremés, afin de ſe faire

des Maximes genérales & des Regles infaillibles , qu'il a toujours
suivies, & qui lui ont acquis dans
ses Ouvrages plus de facilité que le
Titien, plus de pureté, plus de vérité & plus de science que Paul Veronese, & plus de majesté, de repos,
& de moderation que le Tintoret.
Enfin, sa maniere est si ferme, si
sçavante, & si prompte, qu'il semble que ce Rare Génie ait été envoyé
du Ciel pour apprendre aux hommes
l'Art de peindre.

Son École étoit rempli de plusieurs excellens Disciples , parmi
lesquels VANDEIK a été celui
qui a le mieux compris toutes les
Regles & toutes les Maximes géné-
rales de son Maître, il l'a même passé
dans la delicatesse des Carnations
& dans les Tableaux de Cabinet ;
mais il a eu un aussi méchant Goût
que lui dans la Partie du Dessein.

FIN.

TABLE

TABLE
DES MATIERES.

A

B

Aa ij

C

D

E

O

P

Les

S

Y

Z.

Fin de la Table des Matieres.

EXPLICATION

PAR ORDRE

ALPHABETIQUE

DES

TERMES

Propres au Deſſein & à la Peinture.

A

*A*Cadémie, *Figure d'Académie,* on appelle ainſi une figure deſſinée d'après les Modéles dans les Académies de Peinture.

Accord des parties avec leur tout, c'eſt-à-dire être bien proportionné, c'eſt ce qu'on appelle *être bien enſemble.* Voyez enſemble & proportion.

Adoucir, c'est mêler les Teintes les unes avec les autres en peignant à huile, ce qui se fait quelquefois avec une petite brosse. En Mignature cela se fait en pointillant d'une Couleur mitoyenne. On adoucit les desseins lavés en affoiblissant la Teinte.

Air de Tête, on dit *de beaux airs de Tête*, pour dire ce je ne sçai quoi de gracieux, que les habiles Peintres donnent aux visages de leurs figures : *de différens airs de Tête*. Pour marquer la variété dans les visages.

Air, on dit qu'il y a de *l'air dans un Tableau*, lors que la dégradation des Couleurs y est bien observée, c'est-à-dire, que les Couleurs s'affoiblissent & s'éteignent selon leurs différens dégrés d'eloignement ; c'est ce qu'on appelle *Perspective Aerienne*.

Amitié des Couleurs, c'est l'accord que les Couleurs ont ensemble, lors qu'étant mises les unes auprès des autres, il en résulte un effet agréable à la vûë.

Anatomie, c'est une Science qui donne la connoissance des os du corps humain, des muscles, de leur figure & de leurs mouvemens. Cette Science est très-nécessaire aux Peintres pour Dessiner correctement & de bon goût.

Antiques, par ce mot, on entend d'ordinaire les Statuës Antiques, Grecques & Romaines, & les Bas-Reliefs. Et par le mot *d'Antiquités*, ou entend en général les Statuës, les Bâtimens, les Médailles, les Camayeux,&c. qui nous restent des anciens.

Appuy-main, est une baguette de trois à quatre pieds de long, dont les Peintres se servent en travaillant pour appuyer la main.

Arabesques, voyez Moresques.

Arrété, on dit *un dessein arrété*, lorsque toutes ses parties sont bien dessinées & bien recherchées, cela se dit plus particuliérement des Contours, une *Figure dont le Contour est arrété*.

Arrondir une Figure, c'est lui donner du relief, & aux membres la ron-

deur qui leur convient ; ce qui se
fait en mettant à propos les Jours
& les Ombres.

Articulé, on dit d'une Figure que les
parties en sont bien *articulées*, bien
prononcées, pour dire dessinées d'une
bonne maniere.

Atelier, c'est le lieu, où les Peintres,
les Sculpteurs, travaillent.

Attitude, le mot est Italien, & veut
dire la posture & l'action des Figures que l'on représente, mais il est
encore plus expressif.

Attributs ; ce sont des Symboles qui
marquent le Caractere & l'Office
des Figures que l'on représente,
comme la *Massue* à Hercule, la
Palme à la Victoire, &c.

Avancer, on fait avancer un objet en
lui donnant plus de force d'Ombres & de Lumiéres, & plus de vivacité dans la Couleur : & en étei-
gnant les objets qui sont derriere.

Azur ou *Outremer* est une Couleur
bleuë qui se fait d'une Pierre nommée *Lapis Lazuli*.

B

*B*Avoché, signifie en terme de Peinture , un contour où la Couleur n'eſt pas couchée nettement , on dit ce contour eſt bavoché.

Biſtre eſt une Couleur faite avec de la ſuye de cheminée & qui ſert en Mignature.

Blanc de plomb , eſt un Blanc qui ſert à l'huile & ſe forme par écailles ſur du plomb que l'on a laiſſé dans la terre pluſieurs années. Le Blanc *de Céruſe* , eſt auſſi une rouille de plomb.

Boſſe , Deſſiner *d'après la boſſe* , c'eſt deſſiner d'après des Figures de Sculpture de Boſſe , c'eſt-à-dire iſolées & qu'on peut voir de tous côtés.

Buſte , c'eſt proprement un Ouvrage de Sculpture qui repréſente la tête d'une perſonne , avec l'Eſtomac & les deux Epaules ; on ne laiſſe pas d'employer ce terme en Peinture & de dire un *Buſte* , pour ſignifier un Portrait à demi-corps.

C

C Alquer, c'est paſſer avec une pointe émouſſée ſur tous les Contours
& les traits d'une Eſtampe ou d'un
Deſſein, dont on aura noirci le der-
riére, & que l'on aura appliqué ſur
un papier ou autre choſe, pour y
marquer les mêmes traits du Deſſein ou de l'Eſtampe.

Camayeux, Tableaux d'une ſeule
Couleur, pour imiter un bas-relief,
ou ces pierres que l'on appelle *Camayeux*; les anciens nommoient ces
ſortes de Peintures *Monochromata*;
on appelle *Griſaille* ceux qui ſont
peints de Gris; & *Cirage*, ceux qui
ſont peints de Jaune. On en diſtingue quelquefois le fond par une
autre Couleur, comme de Bleu
ou de Rouge, quelquefois même
on fait le fond d'Or, particulierement quand ce ſont des Ornemens.

Caprice, toutes ſortes d'Ouvrages de
Deſſein & de Peinture, dont la
compoſition eſt d'un goût ſingulier
& nouveau, & ſort des régles or-
dinaires.   Dd iiij

Carmin, Couleur d'un Rouge très-vif, qui se fait avec de la *Cochenille*. Cette Couleur sert dans la Mignature.

Carnation; on employe ce terme pour signifier en général, les parties nuës dans les Figures d'un Tableau: on dit une Figure *d'une belle Carnation*, c'est à-dire, dont les parties nuës sont d'une Couleur de chair bien naturelle.

Cartouche, c'est un certain Ornement fait de caprice avec des enroulemens, lequel sert particulierement à enfermer des Inscriptions.

Cendres, Couleurs pour peindre, il y en a de bleuës & de vertes; on ne s'en sert gueres à Huile qu'aux Paysages, parce qu'elles changent.

Chairs, on dit les chairs d'un Tableau pour dire les parties nuës des Figures.

Champ, on dit qu'un groupe d'Arbres ou un morceau d'Architecture sert de *champ* à une Figure, quand cette Figure est peinte dessus.

Charge, c'eſt lors qu'on réprésente un viſage avec des traits marqués avec excès, & de telle maniére qu'avec quelques coups de crayon, on connoît une perſonne, quoique ce ne ſoit pas un véritable Portrait, mais plutôt des défauts que l'on rend plus ſenſibles ; on dit auſſi qu'une *Figure eſt chargée*, quand les parties en ſont trop reſſenties.

Chaſſis d'un Tableau, c'eſt le bois ſur lequel il eſt attaché.

Chevalet, machine ſur quoi les Peintres poſent leurs Tableaux lors qu'ils travaillent.

Ciel, on dit *le Ciel* d'un Tableau, d'un Païſage, on dit *les Ciels* au pluriel.

Cirage, on appelle un *Tableau de Cirage*, lorſqu'il eſt peint d'une ſeule Couleur jaunâtre, tirant ſur la Cire jaune.

Clair-Obſcur, c'eſt la maniere dont en traite les Jours & les Ombres d'un Tableau, & la diſtribution ingénieuſe qui en eſt faite, pour en faire paroître avantageuſement tous les objets. On appelle un Tableau de *clair-obscur*, celui qui est peint d'une seule Couleur, comme les Tableaux de *Camayeu* ou ceux de *Cirage*, dont on vient de parler. On appelle aussi un *Dessein de clair-obscur*, celui qui est lavé d'une seule Couleur, ou bien c'est un Dessein lavé sur du papier bistré, ou de demi-teinte, dont les Jours sont rehaussés de blanc. Ce mot clair-obscur, est composé de deux, & vient de l'Italien *chiaro-scuro*.

Coloris, c'est cette partie de la Peinture qui enseigne à donner à chaque objet la Couleur qui lui est propre, suivant son dégré de proximité ou d'éloignement; & qui fait la distribution des lumieres & des Ombres, pour faire paroître ces mêmes objets avec avantage. *Coloris*, s'entend aussi en général de la Couleur effective de chaque objet, mais plus particulierement *des Carnations*: on dit d'un Tableau qu'il est *bien colorié*, qu'il y a une belle *entente de Couleurs*; d'une Figure que le *Coloris en est beau*, qu'elle est d'une *belle Carnation*.

On dit plutôt en parlant d'un Païfage qu'il eſt *d'un bon goût de Couleurs*, que de dire qu'il eſt d'un
beau Coloris. En parlant d'un Portrait, on dit, voilà *une Tête bien
Color e.*

Compartiment, c'eſt la diſpoſition de
certaines Figures régulieres, formées de lignes droites ou circulai-
res, diviſées & rangées avec Sim-
métrie.

Compoſition, eſt cette partie de la
Peinture qui comprend *l Invention*
du ſujet,& la *Diſpoſition* des parties
d'un Tableau.

Contours, ce ſont les lignes avec leſquelles on répréſente une Figure,
ou quelque corps que ce ſoit, &
qui en marquent & déterminent la
forme : on dit d'une Figure que les
Contours en ſont beaux & bien prononcés, pour dire qu'elle eſt deſſinée avec art.

Contourner une Figure, c'eſt en deſſiner les Contours.

Contraſte, c'eſt un mot qui marque en
général une variété & une diverſité
d'attitudes dans les Figures d'un

Tableau, & en particulier les mouvemens contraires qui se doivent
rencontrer dans les membres d'une
Figure; c'est dans ce sens que l'on
dit, *il y a un beau contraste dans
cette Figure.*

Contretirer un dessein, ou un Tableau,
c'est en prendre le trait, en appliquant dessus du papier Huilé, du
Talc, une Vessie de Cochon préparée, une toile de soye tenduë sur un
chassis, un verre, &c. sur quoi on marque avec un Crayon ou autre chose
les traits que l'on voit au travers.

Correct, on appelle un *Dessein correct,*
celui dont les parties sont bien ar-
rêtées.

Costume, c'est un Terme que l'on employe pour signifier la convenance
de chaque chose, par rapport au
temps, & au lieu où l'on suppose
que l'Histoire que l'on représente est
arrivée. Ainsi faire les choses selon
le Costume, c'est faire connoître
par quelque chose d'ingénieux les
lieux où l'on met la Scéne du Tableau, les pays d'où sont ceux que
l'on y fait paroître, leurs façons

de faire, leurs Coûtumes, leurs Loix, en un mot tout ce qui peut leur convenir.

Couleurs, Matiere avec quoi l'on peint. Il y en a de naturelles & d'artificielles. Des naturelles, il y en a qui sont des Terres, comme l'Ocre jaune, l'Ocre de Rut, le Brun rouge ; le Rouge d'Angleterre, la Terre Verte, la Terre d'Ombre, la Terre de Cologne, le Noir de Terre, l'Outremer ou Lapis Lazuli. Il y en a d'autres qui sont des Minéraux, comme le Jaune de Naples, le Vermillon ou Cinabre, l'Orpin. Les autres sont composées ou artificielles comme le Blanc de Plomb & de Céruse, les Massicots jaune & pâle, la Mine, la Laque, le Carmin, le Stil de Grain Brun & Clair, les Cendres Bleuës & Vertes, l'Email, l'Inde, les Noirs d'Os & l'Ivoire, les Verds d'Iris & de Vessie, le Verd-de-gris calciné.

Couleurs rompues, c'est lorsqu'au lieu de les employer simples & pures, on y en mêle d'autres, soit pour les affoiblir, foit pour en éteindre la trop grande vivacité. Ce qui fe fait pour donner l'union & l'accord néceffaire à tous les objets qui entrent dans la compofition d'un Tableau. On dit qu'un Tableau eft *peint de bonnes Couleurs*, que les *Couleurs en font bonnes*, non pour fignifier que les Couleurs dont on s'eft fervi foient d'une nature meilleure ou plus exquife que celles d'un autre Tableau, mais pour dire qu'il y a une belle *entente de Couleurs*, & dans leur union, & dans leur rencontre les unes auprès des autres. On appelle *Couleurs Vierges*, celles qui ne font point corrompuës par d'autres, ou bien ce font des teintes qui ne font compofées que de deux Couleurs.

Crayons pour deffiner, font ou de Craye pour *rehauffer* ou bien de pierre noire ou de Sanguine pour faire les Ombres.

On dit *le premier Crayon* d'un Tableau pour dire la premiere penfée, l'Efquiffe. Crayonner, deffiner avec du Crayon.

Croquer, on dit un Deſſein, un Tableau *Croqué*, lorſque les parties
n'en ſont pas terminées & finies autant qu'elles pourroient l'être,
mais qui ne laiſſe pas de faire ſon
effet quand on le voit d'une certaine diſtance. On dit une *maniere
croquée*, par oppoſition à une *maniere fort adoucie.*

D

DEſſein, une des principales parties de la Peinture, & qui en eſt
comme le fondement, puiſque c'eſt
par le Deſſein que l'on donne aux
choſes que l'on veut peindre la
forme qu'elles doivent avoir, par
le moyen des Lignes qui en marquent les Contours.

Deſſein, un Deſſein eſt une expreſſion
apparente, ou une Image viſible
d'un ou de pluſieurs objets dont on
s'eſt premierement formé l'Idée, &
que l'on a conçû dans ſon imagination. Cette Image peut s'exprimer d'une maniere légere, & par
des lignes vagues & non déterminées, alors cela s'appelle Eſquiſſe;

mais lorsque ces lignes font déterminées , & que les contours des objets font bien exprimés, on nomme cela un *Deſſein arrêté.*

Deſſiner , c'eſt repréſenter quelque objet que ce foit par des lignes qui en marquent la forme & les juſtes Proportions. On dit une figure *deſſinée avec elegance* pour dire artiſtement & ſçavamment. On deſſine à la Plume , à la Sanguine , à la Pierre Noire , au Paſtel , au Lavis.

Détacher une figure de ſon fond, c'eſt faire en forte que par le moyen des Jours & des Ombres , elle paroiſſe *iſolée,* c'eſt-à-dire , ne point toucher aux objets repréſentés derriere , de maniere qu'il ſemble que l'on puiſſe tourner à l'entour.

Détrempe , peindre à détrempe , c'eſt peindre avec des Couleurs détrempées avec de l'eau dans quoi on **a** fait fondre de la Colle ou de la Gomme ; ou bien avec des blancs d'œufs bien battus.

Devant, le devant d'un Tableau , ce font les figures ou les objets que l'on l'on suppose les plus proches de la vûë, & *le derriere* est ce qui en paroît le plus éloigné.

Disposition, une des parties de la Peinture qui consiste à donner à chaque objet la situation qui lui convient le mieux, & à chaque figure l'attitude qui lui est propre, le tout par raport au sujet que l'on représente.

Draperies, c'est un terme général, dont on se sert pour signifier toutes les étoffes qui servent d'habillemens aux figures d'un Tableau, ou qui les couvrent : on dit qu'une figure est *drapée de bon goût*, pour dire, que les plis de la draperie sont bien entendus ; on dit encore *les draperies sont bien jettées*, ce morceau de draperie est bien disposé, &c.

Dur, Sec, c'est lorsque les contours paroissent coupés, & ne se confondent pas avec ce qui leur sert de fond, ou bien que les Couleurs mises les unes proches des autres tranchent trop, comme le Noir avec le Blanc, le Rouge de Vermillon avec le Bleu, ces termes

Ee

font oppofés à ceux *de tendre &*
moëlleux, qui fignifient tout le contraire.

E

ELégance dans le Deffein, cela fe
dit particulierement des figures,
& fignifie l'art, le grand goût, la
perfection avec laquelle une figure
eft deffinée.

Eloignement, c'eft ce qui paroît de
plus éloigné dans un Tableau: on
dit qu'une figure eft dans *l'eloigne-*
ment; dans un Païfage, on dit plutôt le *lointain*.

Emboire, *Embu*, c'eft lorfque dans
un Tableau l'huile s'étant retirée
& comme imbibée danc la toile,
elle laiffe aux Couleurs un certain
mat qui fait qu'elles ne paroiffent
pas dans leur naturel & dans leur
force, mais qu'elles font comme
ternies, ce qui empêche que les touches ne fe difcernent bien. On re-
médie à cela par le moyen d'un
Vernis, ou des blancs d'œufs battus
que l'on paffe fur le Tableau.

Embrunir, on dit un *Tableau embru-*

ni, lorſque le Coloris en eſt deve-
nu brun ; un *viſage trop embruni*
dont le teint n'eſt pas aſſez clair.

Empâté, on dit qu'un Tableau eſt bien
Empâté de Couleurs, bien nourri
de Couleurs, lorſqu'elles ſont mi-
ſes épaiſſes, mais couchées uním nt.

Enluminer, c'eſt laver avec des Couleurs à la Gomme.

Enſemble, on dit *l'Enſemble d'une
Figure*, pour ſignifier l'accord &
la proportion de ſes parties : *mettre une Figure enſemble*, c'eſt-à-dire, lui donner ſes juſtes proportions.

Entente, on dit d'un Tableau qu'il y
a une *belle entente*, lorſque l'on
y a obſervé toutes les maximes de
l'Art. Une belle *entente de clair
obſcur*, c'eſt lorſque l'on y a bien
traité ce qui regarde les lumieres &
les ombres.

Equilibre ou *Ponderation*, eſt une partie dans la Peinture, qui conſiſte à
bien poſer les Figures ſur les centres
de gravité, afin qu'elles ne paroiſſent pas tomber ou porter à faux : on
dit qu'une Figure n'eſt pas dans ſon
Equilibre, quand elle n'eſt pas bien
poſée.   Ee ij

Ebauche, *Ebaucher un Tableau*, c'eſt donner la premiere forme aux Figures, & y mettre les premieres Couleurs. Il eſt néceſſaire *d'ébaucher* avant que d'achever.

Ecaille de Mer, c'eſt une pierre dure dont on ſe ſert pour broyer les Couleurs.

Effumer ou *Esfumer* ſignifie peindre une choſe légérement.

Eléve, c'eſt un nom qui eſt particulier aux Apprentifs ou Diſciples des Peintres, ainſi on dit de *Jules Romain* qu'il étoit un des *Fleves de Raphaël*. Ce mot vient de l'Italien *Allievo*.

Email, Peinture en Email, qui ſe pratique en petit avec des Emaux de toutes les Couleurs qui ſe préparent pour cela, & qui peuvent ſe *parfondre*.

Email, eſt une Couleur bleuë qui ſert à huile, & dans la Peinture en Email.

Epargner, en Peinture, c'eſt réſerver la place de quelque objet, lorſqu'on en couche le Fond, comme lorſqu'on couche le Ciel d'un Tableau.

on *Epargne* les Figures , les Bâtimens, &c. c'eſt-à-dire , on ne couche rien deſſus.

Eſquiſſe, c'eſt une premiere produc-
tion , un léger crayon d'une choſe que l'on a conçûë dans ſon imagination. Ce mot vient de l'Italien
Squizzo.

Eſquiſſer , c'eſt faire paroître par des
traits peu ſenſibles & non arrêtés
une idée générale de ce que l'on
veut faire ou imiter , en diſtribuant
chaque partie dans ſa place pour
pouvoir les proportionner en les
comparant les unes avec les autres ,
après quoi on travaille à les finir ,
& à les arrêter.

Eſtampes , ou Tailles-douces : on appelle ainſi toutes ſortes de piéces
imprimées par le moyen des Plan-
ches de Cuivre , où l'on a gravé à
l'eau forte ou au Burin , ce que l'on
veut repréſenter.

Eſtomper , c'eſt deſſiner avec des
Couleurs en poudre , qu'on applique avec de petits rouleaux de Papier , dont le bout ſert comme
de Pinceau.

F

F Arine; on dit *donner dans la Farine*, pour dire peindre de Couleurs claires & fades tout ensemble, ce qui fait un Coloris qui n'a rien de vif & de naturel.

Feston, est un assemblage de Fleurs & de Fruits ou de tous les deux ; le tout lié ensemble, & suspendu par les deux extrêmités, & quelquefois par une seule : on voit beaucoup de Tableaux de Fleurs & Fruits mis ainsi en Festons. Il se fait aussi des Festons de Chasse, de Pêche, de Musique & des Arts, représentés par les attributs, & par les instrumens propres à chacun.

Feuillé, cela se dit des Arbres d'un Païsage, on dit cet *Arbre est bien Feuillé*, la touche en est bonne.

Figure, signifie en général toutes sortes de réprésentations, mais ce mot est particuliérement employé en Peinture, pour signifier des Figures humaines ; dans ce sens on dit qu'il y a beaucoup *de Figures* dans un

Tableau, pour dire qu'il y a beaucoup de personnages, & qu'un *Païsage est sans Figures*, quand il n'y a que des Arbres & autres objets inanimés.

Fini, on dit *un Dessein*, *un Tableau bien fini*, quand toutes les parties en sont terminées avec soin & avec exactitude.

Flou, c'est un mot dont on se sert pour exprimer en Peinture la tendresse & la douceur d'un Ouvrage. On dit *Peindre flou*, c'est-à dire peindre tendrement, un *Tableau flou*, c'est-à-dire, peint d'une maniere fort adoucie & fort tendre.

Fond, derriere ou champ d'un Tableau, ce mot signifie souvent aussi ce qui est derriere un objet, suivant quoi on dira qu'une montagne, un Bâtiment *f it fond* à des Figures ; qu'une Draperie *sert de fond* à la tête d'une Figure.

Force, on dit d'un Tableau qu'il a bien *de la force*, pour dire que les objets en paroissent bien de relief, & sortent, pour ainsi dire, du Tableau.

Forcé, une Figure dont l'attitude est *forcée*, est contrainte.

Fortifier, on dit *Fortifier le Coloris d'une Figure*, les *Ombres d'un Groupe*, c'est-à-dire, leur donner plus de force de Couleur & d'Ombre.

Fortifier, en terme de Dessein, c'est rendre plus gros, plus puissant, en ce sens on dit, *Fortifier un Bras*, *une Jambe*. On dit aussi qu'une partie est trop forte par rapport à une autre, pour dire qu'elle est trop puissante.

Fraisque, Peintre à Fraisque, c'est peindre sur un enduit de mortier tout frais avec des Couleurs détrempées seulement avec de l'eau.

Franchise, on dit qu'un Ouvrage est peint avec une *grande franchise & liberté de Pinceau*, lorsqu'il est fait avec facilité & avec art.

Fuir on *fait fuir un objet*, en l'affoiblissant d'Ombre & de Lumiere, & en rompant la Couleur, c'est-à-dire, en la rendant moins vive : ou bien en lui opposant un autre objet, qui ait beaucoup de force,

&

& qui foit peint de Couleurs vives
& brillantes.

G

G*Enies*, Figures d'Enfans avec
des Ailes, tenant divers attributs
qui fervent, tant dans les compofitions que dans les ornemens, à
répréfenter les Vertus, les Paffions,
&c.

Glacer, c'eft paffer fur quelque chofe
déja peint une Couleur qui n'a pas
beaucoup de corps, & qui laiffant
voir au travers les Jours & les Ombres, ne fert qu'à rendre l'objet
d'une Couleur plus foncée & plus
vive : on dit une Draperie *glacee
de Laque*, *d'Outremer*. On glace
auffi dans les Ombres, en retou-
chant, pour les rendre plus fortes
& plus fenfibles.

Gloire, c'eft lorfque dans un Plafond
ou dans un Tableau, on repréfente un Ciel ouvert & lumineux. On
appelle auffi gloire, les rayons ou
la lumiere que l'on fait autour de
la Tête d'un Chrift, ou de quelque
Saint.

F f

Godet, espece de petite tasse de terre, servant aux Peintres à mettre de l'Huile & des Couleurs.

Goût, c'est la maniere dont le Peintre traite son sujet, selon l'Idée qu'il a de chaque chose. S'il en a une idée grande, noble, extraordinaire, en un mot la plus excellente que l'on puisse imaginer, il la représentera telle; alors on pourra dire que ce qu'il a fait est *d'un grand goût*. Mais s'il ignore en quoi consiste la beauté des Corps, & qu'il ne les représente pas selon cette belle idée qu'on en doit avoir; alors on dira que cela est de *mauvais goût*, d'une petite maniére. On possede naturellement le bon goût, par une naissance heureuse, ou bien on l'aquiert par la vûë & l'étude de la belle Nature & des plus beaux Ouvrages des Peintres qui ont excellé. Le bon goût doit se trouver dans un Ouvrage comme dans sa fin, & dans un peintre parfait comme dans son Principe.

Grace, *Gracieux*, on dit donner de

la *Grace à ses Figures* ; un Tableau
dont les Figures *sont Gracieuses*,
des airs de Tête Gracieux.

Gradation ou *Dégradation des Couleurs*, c'est lorsqu'on en éteint la
vivacité selon les différens dégrés
d'éloignement, & selon que l'on
suppose l'air plus ou moins épais ;
& *Gradation de Lumiere & d'Ombre*, c'est l'affoiblissement de l'une
& de l'autre, selon ces mêmes dégrés d'éloignement. C'est ce qu'on
appelle *Perspective Aerienne*.

Graticuler, ou *Graticuler une Toile* ;
c'est la diviser par quarrés pour y
dessiner avec plus de justesse un
Dessein ou un Tableau que l'on
veut copier, & lequel on aura di-
visé de même, si on veut copier de
même grandeur ; mais par des quarrés plus petits ou plus grands, selon
que l'on voudra dessiner ou copier
de grand en petit, ou de petit en
grand : observant que ce même nombre de quarrés y soit.

Grisaille, ce sont des Tableaux peints
d'une seule Couleur Grisâtre.
Voyez Camayeux. On appelle aussi

Grisaille toute Peinture de couleur de Pierre ou de Marbre blanc, faite pour imiter des Bas-Reliefs, des Statuës, de l'Architecture, &c.

Grotesque; c'est une maniére licentieu-se de faire des Hommes, des Ani-maux, des Oiseaux, qui ont quel-que chose de chimérique, & qui d'ordinaire n'ont que la Tête & une partie du Corps, le reste se ter-minant en Feüillages ou Rinceaux : on nomme ces sortes d'Ouvrages Grotesques, parce que l'invention en est venuë de ceux que l'on a trouvés dans des Grotes & lieux soûterrains, & qui étoient encore des Ouvrages des Anciens.

Grouppe ; c'est l'assemblage de plu-sieurs objets les uns auprès des au-tres, disposés de maniere que les Lumieres se trouvent liées ensem-ble, & les Ombres aussi ensemble. Ce qui fait une masse générale de Lumiere d'un côté, & une masse d'Ombre de l'autre. L'on dit un *Grouppe de trois, de quatre Figu-res* ; un *Grouppe de Fruits, de*

Fleurs. *Groupper plusieurs objets*, c'est les disposer de maniére qu'ils fassent un Grouppe. Ce mot vient de l'Italien *Groppo.*

Guirlande; espéce de petit Feston, formé de Bouquets de même grosseur, dont on fait des chûtes pour servir d'Ornemens.

H

*H*Achûres, ce sont des traits de Plume ou de Crayon, que l'on range également les uns proches des autres pour réprésenter les Ombres lorsque l'on dessine, ce qui s'appelle *Hacher*; ces traits se croisent souvent par d'autres, lorsqu'on rend les Ombres plus fortes, alors on dit *Contrehacher.*

Hampes ou *Hantes*, ce sont de petits bâtons d'un pied de longueur, appropriés pour mettre des Pinceaux au bout.

Harmonie du tout ensemble, est un accord de Couleurs & de Lumieres, qui doivent concourir à rendre le principal objet plus sensible.

Histoire, comme la Peinture a pour objet toutes les choses visibles qui sont dans la Nature, il est impossible qu'un Peintre ait une étenduë de connoissance assez grande pour pouvoir réprésenter également bien une si grande diversité de Corps & d'Objets, c'est pourquoi chacun suivant son Génie se porte à en embrasser une partie. Entre ces parties, la plus considérable est celle qui s'attache à la réprésentation de l'Homme & de ses actions; ce qui se fait lorsque l'on réprésente quelque Histoire par une composition de plusieurs Figures, & cela s'appelle *Peindre l'Histoire*; & l'on nomme cette réprésentation *un Tableau d'Histoire*. Des autres parties, celle qui suit est *le Portrait*, qui est la réprésentation d'une personne, par une imitation juste & précise de ses traits, & de tous les caractéres qui la distinguent d'une autre personne; qui la fasse tellement ressembler qu'on ne puisse s'y méprendre. Cela s'appelle *Peindre le Portrait*, & un Tableau où s'est fait une telle réprésentation se nomme *un Portrait*. On ne doit pas dire en le voyant, voilà *un Tableau bien peint*, mais voilà *un Portrait bien peint*; à moins que ce ne soit une composition de plusieurs Figures dont les Têtes soient des Portraits, alors cela s'appelle *un Tableau de Portraits Historié*. Une troisiéme espéce est le *Païsage*, qui est une réprésentation de la Campagne & de tout ce qui s'y voit, des Montagnes, des Vallées, des Rivieres, des Ruisseaux, des Maisons, des Arbres, &c. les Figures que l'on y fait ne sont que comme des accessoires. Les Tableaux où toutes ces choses sont peintes, se nomment *Païsages*, & les Peintres qui s'appliquent particulierement à cette sorte de travail s'appellent *Païsagistes*. Il y en a qui s'attachent à peindre des *Animaux* de toutes espéces, d'autres *des Mers*, *des Tempêtes*, *des Vaisseaux*, d'autres encore des *Batimens*, de *l'Architecture*, des *Perspectives*. Plusieurs ne peignent que des *Fleurs & des Fruits*, quelques uns que des *Poiſſons* ; & de toutes ces choſes les uns réüſſiſſent mieux en grand, d'autres en petit, les uns à Huile, les autres en Mignature ou à quelque autre ſorte de Peinture, en quoi chacun doit ſuivre ſon penchant & conſulter ſon Génie ; car il vaut mieux exceller dans des ſujets médiocres, que d'être confondu dans la foule des ignorans, en voulant faire des choſes au-deſſus de ſa portée.

Horiſon, ſe dit dans les Païſages de cet endroit où le Ciel ſemble ſe joindre aux Montagnes les plus éloignées ; & dans un Tableau de Perſpective, c'eſt la Ligne que l'on ſuppoſe à la hauteur de l'œil, & dans laquelle eſt le point de vûe, auquel toutes les Lignes fuyantes doivent aboutir.

Huile de Noix, de Lin, de Térébentine, dont ſe ſervent les Peintres à Huile, & l'Huile d'Aſpic pour les Peintres en Email.

I

JAune de Naples, Couleur à Peindre.

Illuminations, espéce de Peintures
transparentes peintes sur du papier
ou de la toile, lesquelles étant ex-
posées la nuit avec des lumieres
derriere, font un effet fort agréable.

Imiter; quand on dit qu'il faut imiter
l'Antique ou la maniere d'un tel
Maître, ce n'est pas copier trait
pour trait ce qui est peint ou dessiné, ou ce qui est de Sculpture,
mais c'est se former une idée semblable & travailler sur les mêmes
Principes & dans le même goût.

Imprimer; on dit *imprimer une toile*
ou quelque autre chose sur quoi on
veut peindre, lorsque l'on y passe
une couche ou deux de Couleur,
ce qui est nécessaire pour être bien
préparée.

Inde, c'est une Couleur bleuë fort
brune, & qui a beaucoup de Corps.

Invention, une des parties de la Peinture qui est purement de l'Esprit

& du Génie du Peintre. Elle confifte à imaginer ce qui doit entrer dans
la compofition d'un Tableau , & à
trouver tout ce qui peut convenir
au fujet pour le rendre en quelque forte parlant.

Jour, on dit *les Jours* par oppofition
aux ombres , pour fignifier les parties éclairées d'un objet. On dit
auffi qu'un Tableau eft dans *un
faux Jour*, lors que la lumiere qui
entre par les fenêtres ne l'éclaire
pas bien ; ce qui arrive ordinairement , quand le Tableau eft placé
vis-à-vis des fenêtres.

On confidére dans un Tableau les
différens Jours que le Peintre y a
obfervés , comme les Jours fimples
& naturels , les Jours de reflet , les
Jours provenans de la lumiere d'un
Flambeau ou du Feu, ou bien d'une
lumiere accidentelle venant du Ciel
&c. lefquels Jours doivent toujours
tenir quelque chofe de la Couleur
de la lumiere qui les caufe.

Jufte, *Deffiner jufte* ; avoir *l'œil jufte*. On dit auffi *Deffiner* , *Copier
avec juftefle*.

L

*L*Apis Lazuli, Pierre avec laquelle on fait l'Outremer.

Laque, Couleur pour peindre, laquelle est d'un Rouge Cramoisi; elle se fait avec de la Cochenille.

Lavé, un Dessein lavé, c'est un Dessein dont les Ombres sont faites au Pinceau avec une Couleur brune détrempée avec beaucoup d'eau, & que l'on applique plus ou moins forte, selon le fort ou le foible des Ombres.

Lavis, est la liqueur qui sert à laver, laquelle est faite d'encre de la Chine, de Bistre, d'Inde, ou d'autre Couleur détrempée avec beaucoup d'eau.

Léché, on dit d'un Tableau qu'il est *Léché* lorsque les Couleurs & les Teintes en sont mêlées avec beaucoup de peine & peu d'Art.

Liberté, on dit d'un Tableau qu'il est peint avec une *grande liberté de Pinceau*, qu'il est Dessiné librement, avec facilité.

Licences, ce sont des libertés qu'on

le donne de faire des choses
contre les règles de l'Art & contre
la Perspective, soit pour la contrainte du lieu, ou pour quelqu'autre
raison qui oblige à cela.

Lointain, on dit *le Lointain* d'un
Païsage ; c'est ce qui paroît le plus
éloigné à la vûe : *Voyez Eloignement*.

Lumiere, on dit d'un Tableau que la
lumiere en est bien entendue ; on
dit encore qu'il y a un *grand Jeu
de lumiere* : tout cela veut dire
que le clair-obscur y est bien observé.

M

MAnequin, c'est une Figure de
bois à qui on donne quelle posture
on veut, & qui le ploye dans toutes
les jointures des Membres : on s'en
sert pour ployer & disposer des
draperies suivant les diverses attitudes des Figures qu'on veut
Peindre.

Maniere, c'est l'habitude que chaque
Peintre s'est faite dans la Pratique
de toutes les parties de la Peintu-

re. Cette habitude a plusieurs sources ; elle peut venir du Maître sous qui on a été instruit, lequel on tâche naturellement d'imiter. Ou bien d'une disposition naturelle à faire les choses plutôt d'une façon que d'une autre, ou enfin des choses que l'on aura choisies pour l'objet de ses études ; de sorte que selon que ces choses sont bonnes ou mauvaises, ou le Maître, ou la disposition naturelle, ou l'objet des Etudes, on contracte aussi une maniére bonne ou mauvaise. Comme on reconnoît le stile d'un Auteur que l'on lit souvent, ou l'Ecriture d'une personne dont on reçoit souvent des Lettres, on reconnoît de même les Ouvrages d'un Peintre dont on a vû souvent des Tableaux, & on appelle cela *connoître la maniére*, c'est ce qui fait que sans être Peintre & sans avoir une grande Théorie de la Peinture, pourvû qu'on ait vû beaucoup de Tableaux, on pourra distinguer les différentes manieres, & en connoître les Auteurs, sans pour cela être capa ble de bien juger de l'Art & de la Science de l'Ouvrier.

Manier les Couleurs, on dit d'un Tableau que les *Couleurs en sont bien maniées* pour dire qu'elles sont appliquées à propos, sans être tourmentées.

Maniement du Pinceau, c'est la manière dont un Ouvrage est touché.

Masque & Mascaron, ce sont des visages chargés pour la plûpart, comme des Grimaces, que l'on fait de fantaisie, ou de caprice, pour servir dans des Ornemens. Les Peintres de Portraits disent aussi quelquefois *le masque*, quand ils veulent parler du visage d'un Portrait.

Masses de Jours, c'est l'assemblage de plusieurs Lumieres contigues répandues sur tout un Groupe ; & *Masses d'Ombres* est aussi l'assemblage de plusieurs Corps Grouppés. Il faut qu'une *grande Masse de Jours*, soit soutenuë d'une *grande Masse d'Ombres*.

Massicot, Couleur d'un Jaune vif & clair. Il y en a aussi de pâle.

Mélange des Couleurs. Il se fait sur la Palette avec le Couteau, & sur la Toile avec le Pinceau, pour noyer les diverses Teintes ensemble, c'est-à-dire, les mêler.

Membres ; les membres d'une Figure doivent être contrastés.

Ménager ses Couleurs, ses Teintes ; c'est conserver les plus fortes pour les parties les plus proches, & réserver les Teintes les plus claires pour les rehauts.

Mesquin, on dit une *maniére Mesquine,* pour dire petite, pauvre, chétive, maigre, & qui n'est pas *de bon goût.*

Mine, Couleur d'un Rouge Orangé fort vif.

Mignature ou Miniature, c'est une maniére de peindre sur le Vélin, avec des Couleurs très-fines, détrempées avec de l'eau gommée ; on dit *un Ouvrage, un Portrait de Mignature.*

Modéle, les Peintres nomment modéle, tout ce qu'ils se proposent d'imiter, c'est pourquoi dans les Académies de Peinture, on nomme *modéle* un homme qui s'expose nud, afin qu'on deſſine d'après lui : on dit *poſer le modele*, pour dire lui donner une attitude telle que l'on trouve à propos.

Molette, c'eſt un caillou, ou une pierre de Marbre, de Porphire, ou d'Ecaille de Mer, dont on ſe ſert pour broyer les Couleurs.

Morceau, on dit d'un Tableau, c'eſt un *beau morceau*, pour en exprimer l'excellence.

Moreſques & Arabeſques, ce ſont certains Rinceaux d'où ſortent des Feüillages qui ſont faits de caprice, & d'une maniére qui n'a rien de naturel. On s'en ſert dans quelques Ornemens pour répréſenter de la broderie.

Moëleux, Terme qui exprime la tendreſſe qui ſe rencontre dans les Carnations, dans les Draperies, &c. lorſqu'il n'y a rien de ſec ou qui tranche, ſoit dans les Lumieres, ſoit dans les Couleurs.

N

N

*N*oir d'Os, d'Ivoire , de Charbon , de Terre , de Fumée ; tous ces Noirs font bons pour Peindre.

Nouer les Groupes d'un Tableau , c'eſt les traiter de maniere qu'ils ne faſſent qu'un tout enſemble , & qu'ils ne paroiſſent point comme des morceaux détachés.

Nourri, on dit un Tableau bien *nourri de Couleurs,* bien empâté, pour dire que la Couleur n'y a pas été miſe en frottant & d'une maniére maigre.

Noyer; on dit *noyer les Couleurs* les unes dans les autres , c'eſt-à-dire, les mêler tendrement tout en peignant, ſans trop les tourmenter avec le Pinceau ou la Broſſe.

Nud, on dit *le nud* d'une Figure ; quand on veut parler de ce qui n'eſt pas couvert de Draperies ; on dit auſſi *les nudités* d'un Tableau, pour dire les Figures nuës. Quand on veut parler en particulier de l'Art & de la beauté qu'il y a dans le nud des Figures , on dit que *les Carnations en ſont belles.*

Gg

O

O*Cre*, c'est une terre Jaune, dont on se sert pour Peindre ; il y en a aussi de la Rouge que l'on nomme *Brun Rouge*, c'est un Rouge obscur, mais qui n'est pas vif.

Ocre de Rut, Couleur d'un Jaune Brun.

Ombres, ce sont dans un Tableau les parties & les endroits qui sont privés de Lumiere ; on dit de *grandes Ombres*, une *Masse d'Ombre*.

Optique ; c'est une Science qui fait partie des Mathématiques, & qui traite des choses qui appartiennent à la vûe. Elle est nécessaire aux Peintres, pour l'intelligence des Lumieres, des Reflèts & des Réfractions.

Ordonnance d'un Tableau, c'est la disposition des Figures, & de toutes les autres choses qui se composent. *Voyez disposition.*

Original ; un Tableau est Original, quand il n'est point copié d'après un autre Tableau. Une bonne copie d'un bon Tableau, vaut mieux qu'un Original médiocre. La qualité d'Original ne donne point de prix à un Tableau à moins qu'il ne soit bon d'ailleurs.

Ornemens ; un Peintre d'Ornemens est celui qui s'occupe à Peindre des Rinceaux, des Grotesques, des Moresques, & autres choses de cette Nature, ausquelles on donne le nom général *d'Ornemens.*

Orpin ou *Orpiment*, est une Couleur Métallique qui est une espéce de poison, elle est d'un jaune doré. On s'en sert en Peinture, mais rarement, parce qu'elle ne vaut rien étant mêlée, c'est pourquoi il ne la faut employer que pure, pour servir de rehauts pour les plus grandes Lumieres.

Outremer, couleur ainsi nommée, parce que le Lapis Lazuli dont elle est composée, vient du Levant. C'est une Couleur d'un beau bleu, qui ne change jamais, & qui est inaltérable, même dans le feu, & c'est à quoi on connoît si elle n'est point falsifiée. C'est la plus chére de toutes les Couleurs à cause de

la peine qu'il y a de la tirer du
Lapis.

P

PAiſages, ce ſont des Tableaux
qui répréſentent la Campagne.
Voyez Hiſtoire.

Palette, c'eſt une petite tablette d'un
bois le moins poreux, & qui eſt
fort unie & fort mince, où il y a
un trou pour la tenir en y paſſant
le pouce, c'eſt dequoi les Peintres
ſe ſervent pour mettre leurs Couleurs deſſus, lorſqu'ils travaillent
& pour en faire le mélange.

Papillotage, c'eſt lorſque les objets
ſont tellement diſpoſés & embaraſ-
ſés les uns dans les autres, que
ne formant aucun Grouppe, la Lumiere ſe trouve également répan-
duë par tout, ce qui diviſe la vûë
en pluſieurs rayons & lui cauſe une
confuſion deſagréable.

Parfondre, ceux qui peignent en
Email appellent *parfondre* lorſqu'ils mettent leur Ouvrage au feu.
Cela veut dire faire fondre l'Email
également par tout.

Paſtels, ce ſont des Crayons, com-poſés de toutes ſortes de Couleurs, que l'on broye avec de l'eau gom-mée, & dont on fait une pâte, que l'on roule en forme de crayons. C'eſt avec ces crayons que l'on fait ſur du papier gris ou bleu des Figu-res d'Académie & des Portraits, qui ſemblent être peints, ce que l'on appelle Peindre au Paſtel.

Peindre, à Huille, à Fraïſque, à Dé-trempe, en Mignature, en Email, au Paſtel.

Peindre une perſonne, faire ſon Por-trait.

Peindre d'après nature, c'eſt lorſ-qu'on a le naturel devant ſoi.

Peindre de pratique, c'eſt peindre quelque choſe d'imagination, ſans voir le naturel & ſans le conſul-ter.

Peindre quelque choſe, le barboüil-ler d'une ſeule couleur.

On dit qu'un Ouvrage, un Por-trait, eſt *bien peint*, pour ſignifier la beauté du travail en ce qui re-garde la Couleur.

Peinture. C'eſt l'Art de répréſenter,

avec des Couleurs, fur une fuperficie plate, tous les objets vifi-
bles.

Peinture, Tableau. *Voyez Tableau*

Peiné, un *Ouvrage peiné*, c'eft-à-dire
fait avec peine, où l'on ne remarque aucune liberté de Pinceau.

Penfée, Efquiffe, on dit d'un Deffein
qui n'eft point terminé, que ce n'eft
que la premiere *penfée* d'un Ouvrage.

Perfpective, c'eft l'Art qui enfeigne à
trouver des points, fur une furface
plane, par le moyen defquels on
répréfente les objets tels qu'ils paroiffent naturellement, étant vûs
d'un certain endroit & d'une diftance déterminée. Cette Science eft
très-néceffaire aux Peintres.

Perfpective Aerienne, c'eft la dégradation des Lumieres & des Couleurs, à proportion de l'éloignement ou de la proximité des objets.
Voyez Gradation.

On appelle *Perfpectives*, des Tableaux qui répréfentent de l'Architecture, des Bâtimens, des Jardins, des Parterres, des Allées,

deſſinées & tracées ſelon toutes les régles de la Perſpective.

Pied, *reduire au petit pied*, c'eſt copier de grand en petit par le moyen des quarrés. *Voyez Grati-culer.*

Pierre à broyer les Couleurs ; les plus dures ſont les meilleures, comme le Porphire, les Ecailles de Mer, &c.

Pierre de Sanguine, Pierre d'un rouge foncé avec quoi on fait des crayons pour deſſiner.

Piller, on dit qu'une telle Figure d'un Tableau *eſt pillée*, eſt dérobée, lorſqu'elle eſt copiée d'après quelque Ouvrage de quelque ancien Maître.

Pinceau, c'eſt avec quoi les Peintres appliquent les Couleurs : on dit un *beau Pinceau*, un *Pinceau hardi*, pour ſignifier la beauté & la liberté du Travail dans un Tableau.

Pincelier, c'eſt un vaſe de fer blanc dans lequel on met de l'Huile, & qui ſert à nettoyer les Pinceaux.

Poncer, lorſque l'on a pris avec du papier le trait de quelque choſe que ce soit, si on pique sur tous les contours avec une aiguille, & qu'après on le frotte avec du Charbon en poudre si c'est, sur un fond blanc, ou avec de la Craye pilée si le fond est brun, cela marque au travers des petits trous, & on appelle cela *Poncer* : on nomme *Poncis*, les Desseins ainsi piqués, qui peuvent servir plusieurs fois à faire des Ouvrages semblables.

Ponderation, c'est lorsque dans une Figure les Membres sont également balancés sur leur centre, de maniere que la Figure soit dans son Equilibre. *Voyez Equilibre.*

Porte-Crayon, est un petit Instrument de cuivre ou d'argent, aux deux bouts duquel on met des Crayons.

Portrait est en général la ressemblance de quelque chose, cependant le mot de Portrait ne s'employe que pour signifier la ressemblance d'une personne. On ne dit point des *Portraits*, pour dire des *Tableaux* d'Histoire ou de Fleurs, des Païsages, &c. comme sont

quelques

quelques uns ; mais feulement pour fignifier ceux qui répréfentent *la reffemblance de quelqu'un.* On dit *faire faire fon Portrait,* ou *fè faire peindre,* & non pas *fe faire tirer,* comme difent la plûpart des gens qui n'entendent pas les termes de l'Art.

Pofer le Modéle, c'eft faire prendre à un homme ou à une femme, prépofés pour cela, une certaine attitude, afin de deffiner d'après, comme cela fe fait dans les Académies de Peinture ; on dit une *Figure, une Académie bien pofée,* pour dire dans une belle attitude.

Pofture, ne fe dit guéres parmi les Peintres, ils difent plutôt *attitude, action.*

Profil, on dit le *Profil d'une Téte,* ou une *Téte de Profil,* pour dire une Tête vûë de côté, de maniere qu'on ne découvre que la moitié du vifage, comme font ordinairement les Têtes des Médailles.

Prononcer, en terme de Deffein & de Peinture, c'eft marquer les par-

H h

ties du Corps & les Contours avec force & netteté, en ce sens on dit d'une Figure, que *les Contours en sont bien prononcés.*

Proportion, c'est un accord & une convenance juste des parties entr'elles, & leur rélation au tout ensemble. La Proportion d'une Figure, c'est la mesure des parties par rapport à la Figure. La Proportion d'un Homme est différente de celle d'une Femme & d'un Enfant.

Q

QUadre, on appelle ainsi toutes les Bordures quarrées que l'on met autour des Tableaux, & qui leur servent non seulement d'ornement, mais encore les font paroître avec avantage. On employe aussi ce mot de Quadre, mais abusivement, pour signifier toute autre sorte de Bordures, de quelques figures qu'elles soient, Ovales, Rondes, Octogones, &c. au lieu qu'il faut dire une *Bordure Ovale*, une *Bordure Octogone*, ainsi des autres.

R

R *Acourci*, c'eſt lorſqu'un Corps, un Membre, ou quelque partie, n'eſt pas vû ſelon ſa longueur naturelle, ce qui arrive lorſqu'il eſt vû par une extrémité, on dit *un Bras racourci.* Il faut éviter les *racourcis.*

Rechercher toutes les parties d'un Ouvrage, c'eſt le bien finir, le mettre dans ſa plus grande perfection. Une Figure dont les parties, les extrémités ſont bien *recherchées.*

Rehauſſer, c'eſt donner des coups de Pinceau d'une teinte plus claire ſur les endroits où la lumiere eſt la plus vive. On *rehauſſe d'or* lorſqu'après avoir peint quelque choſe d'une ſeule Couleur en forme de bas-relief, on applique de l'or par hachures ſur les endroits les plus éclairés ; on dit un bas-relief *rehauſſe d'or.*

Relief, on dit d'une Figure, d'une Tête qu'elle *eſt bien de relief*, lorſ-

que les Jours & les Ombres sont
donnés si à propos, qu'elle semble
ronde & détachée du Tableau.

Repos, est une masse d'Ombre large,
diffuse, légére, où les objets paroissent peu, laquelle on ménage
pour opposer à un endroit éclairé
& chargé d'Ouvrage, ce qui se
fait pour servir comme de repos
à la vûë, qui autrement seroit
fatiguée si elle étoit divisée & attirée par une continuité d'objets
clairs, vifs & petillans.

Ressenti, un contour, un muscle *ressenti*, on dit *il faut ressentir davantage ce contour, ce muscle*, c'est-
à-dire, le rendre plus siensible en
lui donnant plus de renflement.

Retoucher, on dit qu'un Tableau n'est
que *retouché* d'un tel Maître, quand
après l'avoir fait travailler sur ses
desseins il le *retouche*, & y met
la derniere main. Il y a des Tableaux qui passent pour Originaux,
qui ne sont que des copies retou-
chées par ceux qui ont fait les originaux.

Retoucher un Portrait, un Portrait se fait ordinairement à trois reprises, d'abord *on l'ebauche*, ensuite *on le peint*, enfin *on le retouche*. Dans l'Ebauche, on s'attache à Desiner corrétement les parties du visage, à leur donner leur juste proportion & à les mettre bien ensemble ; en Peignant on doit avoir en vûe de bien Colorier & de mettre bien à propos les Jours & les Ombres ; enfin dans la re-retouche on donne des Teintes fraîches aux endroits qui le demandent, de la force aux parties les plus avancées, & l'on fait toutes les recherches nécessaires qui achevent de donner une parfaite ressemblance.

Rinceaux, ce sont des espéces de branchages de caprice, ou formés de feüilles naturelles, & refenduës, comme l'Acanthe ou le Persil, avec Fleurons, Roses, Boutons, Graines. Ce qui sert d'ornemens à plusieurs choses & en diverses occasions.

Rompre une Couleur, voyez *Couleurs rompuës.*

Rouge Brun, Couleur pour peindre, laquelle est une terre naturelle ; l'Ocre recuit au feu devient aussi une espéce de Rouge Brun.

Rouge d'Angleterre, c'est aussi une Couleur pour peindre, qui est d'un Rouge plus vif.

S

*S*Anguine, est une pierre Rouge, dont on fait des crayons pour Dessiner.

Sec, on dit d'un Ouvrage de peinture qu'il *est Sec*, quand les Contours sont coupés, & que les Lumieres, ou les Couleurs tranchent, ce *terme* est opposé à Moëleux.

Smalte ou Email. *Voyez Email.*

Stenté, *un Tableau Stenté*, c'est-à-dire, qui est fait avec peine & difficulté. *Voyez Peine*; le mot vient de l'Italien *Stentato*.

Stil de Grain, c'est une Couleur Jaune ; il y en a de clair & de brun, le clair tire un peu sur la Couleur de Citron. Cette Couleur se fait d'une graine qu'on nomme vulgairement graine d'Avignon.

Stomper. Voyez *Estomper.*

Svelte de l'Italien *Svelto,* ce terme en Peinture signifie la même chose pour les Figures, comme quand on dit d'un homme dans le langage ordinaire qu'il a une taille fine, aisée, dégagée, denoüée.

T

T Ableau, nom général que l'on donne à toutes sortes de réprésentations qui se font en Peinture, on dit un *Cabinet de Tableaux,* un *Tableau* d'Histoire, un Tableau de Fruits, de Fleurs, &c. On appelle Païsage, un Tableau qui réprésente la Campagne, & Portrait, un Tableau sur lequel on a peint la ressemblance d'une personne.

Tailles-douces. Voyez *Estampes.*

Teintes, demie-Teintes ; Teintes signifient les diverses Couleurs qui se font par le mélange des Couleurs simples, les unes plus claires, les autres plus brunes ; & *demi-teintes,* ce sont proprement celles qui tiennent le milieu entre les clairs & les bruns.

T*endre*, on dit d'un Tableau qu'il eſt peint d'une maniére *tendre* & moël-leuſe. Un Coloris tendre, c'eſt-à-dire délicat, comme eſt celui des Femmes & des Enfans.

T*endreſſe*, on dit le Tableau eſt peint avec beaucoup de tendreſſe & d'u-nion.

T*erni*, on dit un Tableau *terni*, c'eſt-à-dire, dont les Couleurs ſont paſſées.

T*erraſſe*, on appelle ainſi le devant des Payſages.

Terre de Cologne, Couleur brune pour peindre.

Terre d'Ombre, autre ſorte de Couleur moins brune.

Terre Verte, c'eſt une terre qu'on trouve aux environs de Verone.

Toile à peindre, toile étenduë ſur un chaſſis, & imprimée d'une ou de deux couches de Couleur.

Toile graticulée. Voyez *Graticulé*.

Ton, Couleur *de même ton*, c'eſt à-dire qui n'eſt ni plus claire, ni plus brune ; *ton de couleur & de lumie-re*. Voyez *Gradation*.

Torche-Pinceau, c'eſt un petit linge

qui sert aux Peintres à essuyer leurs Pinceaux, & à nettoyer leur *Palette.*

Touches délicates, touches précieuses; termes qui signifient l'art avec lequel on a donné de certains coups de pinceau libres & francs : on dit *la touche* des Arbres d'un Païsage, pour dire la maniere dont ils sont travaillés.

Tourmenter les Couleurs, c'est lorsqu'en peignant on les manie trop avec le pinceau ou la brosse.

Tracer, c'est-à-dire, marquer avec des traits.

Trait, on dit *le trait* d'une Figure pour dire les Contours ; *prendre le trait* d'un visage, d'une figure, c'est les contretirer. Voyez *Contretirer.*

Traiter un sujet, en terme de Peinture, c'est le représenter dans un Tableau, avec toutes les circonstances qui lui conviennent.

Trempe ou Détrempe, de l'Italien *Tempera,* maniere de peindre. Les Italiens nomment particuliérement *peindre à trempe,* lorsqu'ils se servent seulement de jus de figuier,

& de blancs d'œuf au lieu de Colle.

Tringler, c'eſt marquer une ligne droite avec un cordeau blanchi de craye,
lequel on tient ferme aux deux extrémités de la ligne, enſuite dequoi
l'élevant par le milieu , & le lâchant
auſſi-tôt, la ligne ſe trouve marquée
par ſa percuſſion. Les Ouvriers diſent *ſingler*.

<h2 style="text-align:center">V</h2>

Verd de Veſſie , fait avec le ſuc
d'une graine.

Verd d'Iris fait avec des Fleurs d'I-
ris. L'un & l'autre ſervent à la Mignature.

Vermillon ou *Cinabre* , Couleur d'un
Rouge aſſez vif qui ſe fait avec du
ſouffre & du vif argent.

Vernis , eſt une compoſition d'huile
de Thérébentine & de Maſtic avec
laquelle on vernit les Tableaux
pour faire revenir les Couleurs qui
ſont embuës.

Vetir une Figure , c'eſt lui faire des
vêtemens , on dit les figures de ce
Tableau *ſont bien vétues* , pour dire
que les draperies ſont bien jettées ,
ſont bien entenduës.

Vûë, eſt une répréſentation en perſpective d'un Palais, d'un Château,
de Jardins, d'Allées & d'autres
choſes ſemblables ; on dit une perſpective à *vûe d'Irondelle* ou à *vûë
d'Oiſeau*, lorſque le point de vûë
eſt ſi haut qne l'Elévation des corps
de Logis de devant n'empêche
point qu'on ne voye ceux de der-
riére.

Union de Couleurs, c'eſt lorſque les
Couleurs des objets qui ſont proches les uns des autres, & ſous
une Lumiere étenduë, participent
réciproquement les unes des autres,
en ſorte qu'elles faſſent enſemble
un accord qui plaiſe aux yeux, comme une harmonie de tons plaît à
l'oreille.

FIN.